MEILIZHONGGUO HEXIEJIAYUAN
MINZUZIZHIDIFANG FAZHANCHENGJIUZHAN XUNLI

美丽中国·和谐家园
民族自治地方发展成就展巡礼

怒江傈僳族自治州卷

民族文化宫 编

民族出版社

美丽中国·和谐家园
民族自治地方发展成就展巡礼

编委会

主　　编：孙青友

副 主 编：钟兴奎　们发延

编　　审：钟兴奎　们发延　杨国文　马志敏　张树泉　徐　莹　雍继荣
　　　　　陈　烨　何　丽　吴贵飙　崔光弼　艾合买提买买提

编　　者：（按姓氏笔画排序）：
　　　　　王　超　王佳媛　央　珍　白　旭　冯子倩　先　巴　刘文丽
　　　　　安　宁　许传哲　李　婷　李学思　杨　行　杨胜锋　吴家鹏
　　　　　辛宇玲　陈　红　罗吉华　炬　华　赵　茵　高彩云　陶　颖
　　　　　龚文龙　崔德志　覃诗翠　鲁　艳　蔡苏宁　穆慧贤

联　　络：鲁　艳　孔得喜　安　宁

资　　料：张仁明　王　爽　王　乐

怒江傈僳族自治州卷

编　　审：们发延

副编审：龚文龙

编　　辑：李学思

总　序

为全面宣传党的民族政策和中国特色解决民族问题正确道路的成功实践及其取得的巨大成就，国家民委自2013年起，在民族文化宫举办"美丽中国·和谐家园——中国少数民族经济社会文化系列展"。展览以习近平新时代中国特色社会主义思想为指导，深入贯彻落实习近平总书记关于加强和改进民族工作的重要思想，以铸牢中华民族共同体意识为主线，全方位展示我国民族地区经济建设、政治建设、文化建设、社会建设和生态文明建设取得的巨大成就，充分展现中华文化的多彩之美、民族关系的和谐之美、民族地区的自然之美。

截至目前，已有5个自治区、20个自治州和部分自治县成功举办发展成就展。这些展览，一方面生动宣传了党的民族政策和民族区域自治制度，全面展现了中华民族一家亲、同心共筑中国梦的时代风貌；另一方面，也成为展示民族地区经济社会文化发展的重要窗口，成为保护和传承各民族优秀传统文化、增进各民族交往交流交融的重要载体，对促进新时代民族地区高质量发展具有重要意义。

为打造"永不闭幕"的民族自治地方成就展，书写新时代、展现民族地区新风采的"微型百科全书"，在中国共产党成立100周年之际，按照国家民委的部署，民族文化宫组织编纂了《美丽中国·和谐家园——民族自治地方发展成就展巡礼》系列丛书。

《巡礼》系列丛书计划编纂30册，每个民族自治州独立成册，视办展情况陆续出版。每册内容包括序篇、奋进历程篇、建设成就篇、民族团结篇、自然人文篇等5个篇章，以图片、数据、图表、文字相结合的方式呈现。系列丛书记述民族自治地方发展历程，以全面反映改革开放以来特别是党的十八大以来，在党的民族政策的光辉照耀下民族自治地方发生的历史性巨变，为广大读者及大专院校、科研机构提供参考。

《美丽中国·和谐家园——民族自治地方
发展成就展巡礼》系列丛书编委会

目 录

序 篇 / 1

奋进历程篇 / 19
  一、千年峡谷忆沧桑 / 22
  二、团结奋进铸辉煌 / 25

建设成就篇 / 43
  一、经济发展大跨越 / 45
  二、政治建设大加强 / 98
  三、文化事业大进步 / 116
  四、社会事业大发展 / 146
  五、生态环境大提升 / 162

目 录

民族团结篇 / 183

一、民族盛开团结花 / 185

二、各族儿女一家亲 / 205

三、直过民族和人口较少民族换新颜 / 212

自然人文篇 / 219

一、自然资源富饶优渥 / 221

二、旅游资源独具魅力 / 234

三、境内物产丰富多样 / 274

结 语 / 282

后 记 / 283

序 篇

奔腾的怒江

怒江傈僳族自治州（以下简称怒江州）位于云南省西北部，在怒江中游，因怒江由北向南纵贯全境而得名。怒江州北接西藏自治区，东北临云南迪庆藏族自治州，东靠丽江市，东南连大理白族自治州，南接保山市，州政府驻泸水市六库镇。怒江州是中国通往南亚东南亚的重要通道，是国家实施"一带一路"倡议和孟中印缅经济走廊建设的重要地区之一。全州国土面积1.47万平方千米，辖泸水市、福贡县、贡山独龙族怒族自治县（以下简称贡山县）、兰坪白族普米族自治县（以下简称兰坪县）4个县（市），29个乡（镇）、255个村民委员会、39个社区。2019年末，全州常住总人口达55.7万人。怒江州境内居住着傈僳族、怒族、普米族、独龙族、汉族等20多个民族，其中独龙族和怒族是怒江州特有的民族，傈僳族和普米族主要分布在怒江州，少数民族人口占全州总人口的93.96%，"直过民族"人口占全州总人口的62%。怒江州是全国唯一的傈僳族自治州，也是全国民族族别最多和全国人口较少民族最多的民族自治州。

怒江大峡谷

高黎贡山

怒江地区在汉代分属越嶲、益州、永昌等郡。魏晋时期，分属永昌、云南、西河等郡。唐南诏时，分属铁桥、剑川、永昌等节度。宋大理政权时期，设澜沧郡（后改兰溪郡），辖今兰坪等地，属谋统府；泸水属胜乡郡。元代分属临西县（今维西县）、立兰州、云龙甸军民府和永昌府。明代，兰坪、碧江、福贡等地属丽江府，泸水分属大理、永昌二府。清代，丽江、大理、永昌三府下属六库、老窝、鲁掌、卯照、康晋、叶枝等土司分别统管。辛亥革命后，成立了"殖边公署""殖边总局"及鲁掌行政公署。民国五年（1916年），改为行政公署（后改为设治局），分别隶属于丽江和腾冲行政督察专员公署。中华人民共和国成立后，1954年8月23日，建立了包括泸水、碧江、福贡、贡山4县的傈僳族自治区。1957年1月，改称为怒江傈僳族自治州，并把原属丽江专区的兰坪县划入怒江州建置。1956年10月，成立贡山独龙族怒族自治县。1973年8月，自治州首府所在地由原碧江县知子罗迁移至泸水县六库镇。1986年9月24日，撤销碧江建置，将原碧江县的古登、洛本卓两个区划归泸水县，架科底、子里甲、匹河三个区划归福贡县。1987年11月27日，成立兰坪白族普米族自治县。2016年6月16日，改泸水县为泸水市。

独龙江乡政府所在地孔当村全景

知子罗的晨照

　　怒江州境内群山耸立、江河纵横，自东向西横断排列为云岭、澜沧江、碧罗雪山、怒江、高黎贡山、独龙江、担当力卡山，呈"四山夹三江"的典型高山峡谷地貌。山多、山大、山陡，大江大河奔流是这里典型的地质地貌特征。全州98%以上的面积都是高山峡谷，特殊的地理环境和气候条件孕育了丰富的生物资源、水能资源和矿产资源。怒江州生物资源丰富独特，生物种类繁多，列入国家保护的动植物有1500多种，拥有熊猴、戴帽叶猴、云豹、金钱豹、羚牛、贡山麂、小熊猫、四川雉鹑、红胸角雉、灰腹角雉、白尾梢虹雉等珍稀濒危特有陆生野生动物物种。怒江州森林覆盖率达到75.6%，辖区内有大面积保存完整的原始森林分布，植被类型、物种丰富度和特有化程度居世界大陆区系首位，被誉为"哺乳

丙中洛梯田

动物的分化中心""东亚植物区系的摇篮"和"重要模式标本产地",是世界上生物多样性保护的关键地区,拥有云南省面积最大的国家级自然保护区,同时也是三江并流世界自然遗产地的核心区,是我国西南生态安全屏障的前沿和载体,被誉为"植物王国上的明珠"和"天然的植物基因库"。怒江州水能资源极为丰富,境内有怒江、澜沧江、独龙江三大干流及183条支流,落差大、流速快,水能资源极为丰富,水资源总量达956亿立方米,占云南省水资源总量的43%;水能资源蕴藏量达2132万千瓦,占云南省水能资源蕴藏量的20%;可开发装机量1800万千瓦,年发电可达850亿千瓦时,占云南省年发电总量的19%。截至2019年,全州已建成干流水电项目2个,分别是澜沧江干流上的黄登水电站和大华水电站,总装机282万千瓦；在网运行中小水电96座，装机149万千瓦，在建9座，装机23.54万千瓦。怒江州地处著名的西南"三江"有色金属成矿带中段，矿产资源丰富，资源储量大，优势矿种产地集中。经过数十年的地勘工作，查明了兰坪金顶铅锌矿、金满铜矿、河西锶矿、菜子地铅锌矿、石缸河锡钨矿等一批矿床，获得了一批数量大、质量好的资源储量，极具开发利用价值。

怒江州地处"三江并流"地带，历史上是各族先民迁徙交汇的"民族走廊"，是人类活动较早、具有悠久历史的多民族聚居地区。在云岭山脉中发现的兰坪"玉水坪旧石器遗址""马鞍山新石器遗址"，在碧罗雪山和高黎贡山山脉中发现的"福贡腊斯底古岩画""吴符岩画"等证明了怒江地区至少在三四千年前就已经有了人类文明。千百年来，全州各族人民和谐共处，协力同心，创造了灿烂的历史文化，形成了各具特色的风俗、歌舞、服饰、建筑、饮食、神话等人文宝藏。各民族丰富多彩的人文资源及怒江地区历史发展中富有探究性的文史印迹，在云南乃至全国，都具有不可复制的资源优势，享有"民族文化大观园"等美誉。怒江州的旅游资源得天独厚，十分丰富，拥有三江并流世界自然遗产、国家级风景名胜区、高黎贡山国家级自然保护区、中国最美大峡谷等。代表性的景点有独龙江、丙中洛、石月亮、亚坪、知子罗、片马、大羊场、罗古箐、雪邦山、富和山、老窝山等。既有雄奇险秀的高山峡谷，又有独特古老的民族风情，二者融为一体，互相辉映，相得益彰，组成一幅幅绝美的峡谷山水风情画卷。

党中央、国务院高度重视怒江州的建设，关心怒江州各族干部群众。中华人民共和国成立初期，毛泽东主席、周恩来总理等中央领导同志亲切接见了怒江州的干部群众代表。独龙族的族称，就是周恩来总理在接见怒江州干部群众代表时亲自确定的。

党的十八大以来，习近平总书记高度关注怒江州的发展，多次对怒江州工作作出重要批示指示。2014年1月，获悉高黎贡山独龙江公路隧道贯通，习近平总书记亲切致信祝贺；2015年1月，在云南考察的习近平总书记亲切接见了怒江州少数民族干部群众代表，提出"全面实现小康，一个民族都不能少"；2019年4月10日，习近平总书记给贡山县独龙江乡群众回信，祝贺独龙族实现整族脱贫，勉励乡亲们建设好家乡、守护好边疆，努力创造更加美好的明天。2020年3月6

围着火热的篝火，跳起欢快的舞蹈

日，习近平总书记在决战决胜脱贫攻坚座谈会上，听取了怒江州等地的工作汇报。

由于特殊的历史、自然等原因，怒江州是全国深度贫困地区"三区三州"之一，曾经是云南省乃至全国人民群众生活最贫困、基础设施最差的民族自治州。直到 2011 年，怒江州 4 个县（市）均为深度贫困县，有 21 个贫困乡镇、249 个贫困村（深度贫困村 218 个），贫困发生率高达 71.1%，被视为打赢脱贫攻坚战的"主战场""上甘岭"。为推动怒州江发展问题在国家层面解决，国家发展和改革委员会、国务院西部地区开发领导小组办公室和云南省人民政府三次召开"怒江发展问题"工作会议，建立了解决"怒江发展问题"的长效机制。近年来，怒江州在党中央的亲切关怀下，在云南省委、省政府的坚强领导下，深入学习贯彻习近平总书记考察云南重要讲话和给贡山县独龙江乡群众回信重要精神，以脱贫攻坚统揽经济社会发展全局，团结一心，攻坚克难，不断深化对州情的认识，努力探索符合怒江州实际的发展路子，在全国率先开展"整乡推进、整族帮扶"，实现"一步跨千年"的历史巨变。2018 年，独龙江乡独龙族率先在全国实现整族脱贫；2020 年，全州 4 县（市）全部退出贫困县序列，贫困县全部摘帽，各民族实现整族脱贫。

富和山秋色

独龙族人民喜迎新春

幸福生活心曲

近年来,怒江州各族人民在探索中开拓、在艰难困苦中进取、在改革开放中突破,与贫困、落后和恶劣的生存环境作抗争,勾勒了一幅又一幅阔步前进、奋力跨越的画卷,奏响了一曲又一曲攻坚克难、奋发图强的壮歌,实现了一次又一次改天换地、日新月异的飞越。怒江州实现了从区域性深度贫困到整体脱贫的千年跨越,经济增速排名从靠后垫底向稳居前列跨越,贫困群众从"穷窝穷业"到安居乐业跨越,交通基础设施从闭塞难行到四通八达跨越,人民群众生活水平从温饱不足到全面小康跨越,生态环境保护从治理粗放到持续发展跨越,社会民生从相对滞后到全面进步跨越,干部群众内生动力从"等靠"思想到干事创业跨越。

今天的怒江,在习近平新时代中国特色社会主义思想指引下,在习近平总书记"一次批示""一次会见""一次回信"精神的激励下,怒江州委、州政府带领全州各族人民,团结一心,确立了"生态立州、科教兴州、电矿强州、文旅活州"的发展思路,努力推进构建怒江国家级水电基地、国家级有色金属基地、国家级多元民族文化及生物多样性基地,打造怒江大峡谷世界知名生态旅游品牌的"三基地、一品牌"发展战略;牢牢把握促进科学发展、加强民族团结、维护和谐稳定三大任务,强基础、强产业、强生态,保民生、保稳定、保和谐。全州上下呈现出了经济快速发展、民生持续改善、民族团结和睦、边疆和谐稳定的大好局面。

民族大团结

长期以来，怒江州就是一个和谐的民族大家庭。全州各民族交往、交流、交融，共居、共学、共事、共乐，手足相亲，守望相助。党的十八大以来，在习近平总书记关于民族工作的重要论述指引下，怒江州坚决贯彻落实中央关于民族工作的决策部署，紧紧围绕铸牢中华民族共同体意识这一主线，认真践行"在云南不谋民族工作就不足以谋全局"的指导思想，大力促进各民族交往交流交融，不断推进民族团结进步事业发展。2019年，怒江州委专题召开第八届第七次全会，审议通过《中共怒江州委关于在脱贫攻坚中推动全国民族团结进步示范州创建工作的决定》，先后出台了一系列具有创新精神的制度和机制，努力实现脱贫攻坚与创建全国民族团结进步示范州工作双融合双推进双达标，自觉扛起建设民族团结进步示范区的责任。怒江州始终把促进各民族交往交流交融作为铸牢中华民族共同体意识的根本途径，以创建"九进"活动为主阵地、主渠道，大力构建各民族共居、共学、共事、共乐的互嵌式社会结构，广泛开展"五个认同""三个离不开"宣传教育，各民族手足相亲、守望相助、休戚与共的观念深入怒江州各族干部群众心中。2020年，怒江州依法修订了《怒江傈僳族自治州自治条例》，把"铸牢中华民族共同体意识"正式写入了自治条例。2021年1月，国家民委命名怒江州为"全国民族团结进步示范州"，命名怒江州、怒江州兰坪县为第八批全国民族团结进步示范区示范单位。当前，怒江州处处呈现出各民族和衷共济、和睦相处、和谐发展的生动局面，各民族像石榴籽一样紧紧拥抱在一起，一幅民族团结进步的壮美画卷在美丽怒江州徐徐展开。

2014年11月17日至23日，由国家民委、云南省人民政府主办，怒江州人民政府、民族文化宫、云南省民宗委承办的"怒江傈僳族自治州成立60周年成就展"在民族文化宫展览馆成功举办。展览以"中国梦·怒江情"为主题，全面反映了怒江建州以来各项事业取得的辉煌成就，充分体现了怒江各族人民和睦相处、共同奋进的精神风貌，集中展示了民族区域自治制度在怒江州的成功实践。

奋进历程篇

茶马古道

　　1954年8月23日怒江州成立至今，走过了60多年的光辉历程。60多年来，在党的民族政策的光辉照耀下，在党中央、国务院的亲切关怀和云南省委、省政府的坚强领导下，历届州委州政府团结带领全州各族人民励精图治、奋发图强，怒江州经历了从原始社会末期一步跨越到社会主义社会的人间奇迹，怒江州各族人民用勤劳的双手在怒江峡谷这片神奇美丽的土地上创造了辉煌的成就。而今，旧貌换新颜，怒江州边防巩固，社会和谐稳定，民族友爱团结，经济健康发展，人民安居乐业，各项事业蒸蒸日上。

300 余年历史的水磨坊

一、千年峡谷忆沧桑

据出土文物表明，约一万年前，怒江州境内就有人类活动遗迹。从汉代开始，今怒江州所辖地区就已纳入中央政权统治。明代，兰坪、碧江、福贡等地属丽江府，泸水分属大理、永昌二府。清代，丽江、大理、永昌三府下属六库、老窝、鲁掌、卯照、康普、叶枝等土司分别统管。辛亥革命后，成立了"殖边公署""殖边总局"及鲁掌行政公署。民国五年（1916 年），先后改为行政公署（后改为设治局），分别隶属于丽江和腾冲行政督察专员公署。中华人民共和国成立初期，碧江、福贡、贡山、泸水先后成立县级人民政府。1954 年 8 月，经中央人民政府批

怒江州第一任州长裴阿欠在自治州成立大会上的照片

怒江州州府旧址——知子罗

准，碧江、福贡、贡山、泸水4县合并成立怒江傈僳族自治区。1957年1月，"怒江傈僳族自治区"更名为"怒江傈僳族自治州"，辖碧江、福贡、贡山、泸水、兰坪5县。1986年，碧江县撤销，所辖地区分别并入福贡县、泸水县。2016年6月，经国务院批准，泸水撤县设市。至此，怒江州下辖贡山独龙族怒族自治县、福贡县、泸水市、兰坪白族普米族自治县3县1市、29个乡（镇）、255个村民委员会、39个社区。

20世纪70年代的怒江州碧江县老县城

云南省省级文物保护单位——兰坪兔峨土司衙署

种火山地

竹篾溜索

猪槽船

独龙江乡的天梯

二、团结奋进铸辉煌

中华人民共和国成立以来，党中央、国务院高度重视怒江州，关心怒江州各族干部群众。中华人民共和国成立初期，毛泽东主席、周恩来总理等中央领导同志亲切接见了怒江州的干部群众代表。独龙族的族称，就是周恩来总理在接见怒江州干部群众代表时亲自确定的。党和国家领导人的亲切关怀，极大地鼓舞了怒江州各族人民。全州各族人民共同团结奋斗，共同繁荣发展，使怒江州从落后走向进步、从贫穷走向富裕、从封闭走向开放。

古登乡民居

（一）跨入社会主义社会

回望怒江州的历史，是寻求光明和跨越发展的历史。解放前，怒江州多数地区尚处在原始社会末期。人民过着自给自足、采集狩猎、刀耕火种的生活。怒江州境内没有一条公路，没有一座吊桥，没有一座电站，基础设施十分落后。中华人民共和国成立后，怒江各族人民实现翻身解放、当家作主，从原始社会末期直接过渡，一步跨越进入社会主义社会。

独龙江边防派出所：扎根独龙江、一心为人民

陡坡上的傈僳族村寨

农村新貌

独龙江乡的教育条件不断改善

1954年,怒江傈僳族自治区人民政府成立大会

(二) 民族区域自治制度的实践

实行民族区域自治,各族人民当家作主,是怒江各族人民政治上的根本要求,也是千百年来的梦想。自治州成立以来,在党的坚强领导下,人民代表大会制度、中国共产党领导的多党合作和政治协商制度、民族区域自治制度和基层群众自治制度在怒江州全面建立。

自治州成立以来,全面贯彻落实民族区域自治法,制定地方自治条例和单行条例,依法保障各民族合法权益,始终坚持各族公民在法律面前人人平等,保证各族公民平等享受权利、平等履行义务,为民族团结提供坚实的法治保障。

1956年，贡山独龙族怒族自治县成立大会

1956年，贡山独龙族怒族自治县成立大会现场

1987年，兰坪白族普米族自治县成立庆祝大会

1989年，庆祝怒江傈僳族自治州建立35周年暨《怒江傈僳族自治州自治条例》颁布大会

1990年,《兰坪白族普米族自治县自治条例》颁布实施庆祝大会

1997年,兰坪白族普米族自治县成立10周年庆祝大会

2001年，贡山独龙族怒族自治县成立45周年暨《自治条例》颁布10周年庆祝大会

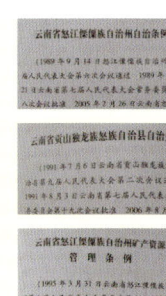
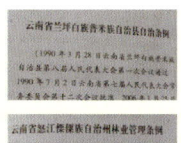
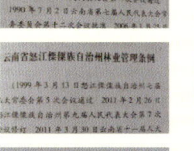
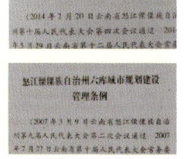

《怒江傈僳族自治州自治条例和单行条例汇编》

自治州、自治县自治条例

怒江州民族中等专业学校电教老师在辅导学生

工作人员入户宣传政策

贡山县城超市购物的独龙族和怒族女青年

（三）改革开放时期

过去的怒江，由于高山大川的天然阻隔，长期与世隔绝、信息闭塞。改革开放以来，怒江州经济社会加快发展。随着国家改革开放战略的深入推进，开放的怒江州热情拥抱开放的时代，各族干部群众思想观念不断转变，市场意识不断增强，经济社会文化各项事业蓬勃发展。

1980年，碧江县率先实行家庭联产承包责任制，到1983年全州农村全面推行家庭联产承包责任制，极大解放了生产力。随着家庭联产承包责任制的建立，农村中还涌现了一大批带头勤劳致富、带头发展商品生产、带头改进生产技术的专业户、重点户，以及由若干户联合承包、统一经营的合作经济组织，推动了乡、镇企业的发展。进入20世纪90年代后，怒江州在进一步调整产业结构的基础上，逐步努力实现计划经济体制向社会主义市场经济体制转变，经济社会得到长足发展。1991年，泸水县片马镇被列为云南省12个省级开放口岸之一，边境贸易迅速发展。1998年，国务院批准怒江州4县对外国人开放，怒江州全方位开放的格局基本形成。

草果丰收

采摘花椒

工人俱乐部

片马口岸

兰坪县黄登水电站

2014年4月,高黎贡山独龙江公路隧道贯通

(四)建设小康社会

为了实现小康社会的目标,怒江州委、州政府带领全州各族人民,不断深化对州情的认识,努力探索符合怒江实际的发展路子,确立了"生态立州、科教兴州、电矿强州、文旅活州"的发展思路,努力推进构建怒江国家级水电基地、国家级有色金属基地、国家级多元民族文化及生物多样性基地,打造怒江大峡谷世界知名生态旅游品牌的"三基地、一品牌"发展战略,牢牢把握促进科学发展、加强民族团结、维护和谐稳定三大任务,强基础、强产业、强生态,保民生、保稳定、保和谐。

独龙族群众打电话

田间寻求致富路

习近平总书记非常关注怒江州的发展。2015年1月，在云南考察的习近平总书记亲切接见了怒江州少数民族干部群众代表，提出"全面实现小康，一个民族都不能少"。为推动怒江州发展问题在国家层面解决，国家发展和改革委员会、国务院西部开发办和云南省人民政府三次召开"怒江发展问题"工作会议，建立了解决"怒江州发展问题"的长效机制。云南省委、省政府2010年作出了独龙江乡整乡推进独龙族整族帮扶的重大决策。5年内投入资金13.04亿元，实施安居温饱、基础设施、产业发展、社会事业、素质提高、生态环境保护与建设六大工程，独龙江乡实现了"千年落后、五年跨越"的辉煌。启动了怒江州2013年至2017年脱贫攻坚战，投入资金50亿元以上，实施民生改善、基础设施、产业发展、社会事业、生态建设五大工程44项建设任务，办好20件实事。2018年底，独龙江乡独龙族率先在全国实现整族脱贫。2019年4月10日，习近平总书记给贡山县独龙江乡群众回信，祝贺独龙族实现整族脱贫，勉励乡亲们建设好家乡、守护好边疆，努力创造更加美好的明天。2019年，普米族实现整族脱贫；2020年怒族、傈僳族实现整族脱贫。2020年，全州4县（市）全部退出贫困县序列，贫困县（市）全部摘帽，各民族实现整族脱贫。千百年来贫穷落后的怒江在实现社会制度千年跨越的基础上，正在实现社会文明的时代跨越。一个经济快速发展、民生持续改善、民族团结和睦、边疆和谐稳定的怒江正在破浪前行。

搬迁后的生活条件

新家迎新年

搬进新家乐开怀

幸福时刻

收获之喜

筛出好生活

柿子红了

建设成就篇

改革开放以来，特别是党的十八大以来，在习近平新时代中国特色社会主义思想指引下，怒江州实现了从区域性深度贫困到整体脱贫的千年跨越——经济增速排名从靠后垫底向稳居前列跨越，贫困群众从"穷窝穷业"到安居乐业跨越，交通基础设施从闭塞难行到四通八达跨越，人民生活水平从温饱不足到即将全面小康跨越，生态环境保护从治理粗放到持续发展跨越，社会民生从相对滞后到全面进步跨越，干部群众内生动力从"等靠"思想到干事创业跨越。为确保在全面建成小康社会的路上，不让一个民族掉队，怒江州委、州政府带领全州各族人民团结一心，艰苦奋斗，在全国率先开展"整乡推进、整族帮扶"，实现"一步跨千年"的历史巨变。2018年，独龙江乡独龙族率先在全国实现整族脱贫；2019年，普米族实现整族脱贫；2020年怒族、傈僳族实现整族脱贫。2020年，全州4县（市）全部退出贫困县序列，贫困县（市）全部摘帽，各民族实现整族脱贫。今天的怒江，全州上下呈现出了经济快速发展、民生持续改善、民族团结和睦、边疆和谐稳定的大好局面。

一、经济发展大跨越

由于特殊的历史、自然等原因，怒江州曾经是云南省乃至全国人民群众生活最贫困、基础设施最差的民族自治州，是全国深度贫困地区"三区三州"之一。近年来，怒江州在云南省委、省政府的坚强领导下，坚持以习近平新时代中国特色社会主义思想为指导，深入学习贯彻习近平总书记考察云南重要讲话和给贡山县独龙江乡群众回信重要精神，以脱贫攻坚统揽经济社会发展全局，坚定信心、攻坚克难，经济社会发展成效显著。2019年完成地区生产总值181.7亿元，增长11.7%；固定资产投资182.2亿元，增长15.8%；地方财政一般公共预算收入13.08亿元，增长20.45%；地方财政一般公共预算支出175.66亿元，增长26.45%；社会消费品零售总额42亿元，增长11%；城镇常住居民人均可支配收入26817元，增长9.2%；农村常住居民人均可支配收入7139元，增长10.7%。

（一）打赢打好脱贫攻坚战

2011年，怒江州4个县（市）均为深度贫困县，有21个贫困乡镇、249个贫困村（深度贫困村218个），贫困发生率高达71.1%，被视为打赢深度贫困脱贫攻坚战的"主战场""上甘岭"。为确保在全面建成小康社会的路上，不让一个民族掉队，怒江州委、州政府带领全州各族人民团结一心，艰苦奋斗，在全国开创了"整乡推进整族帮扶"的先河，实现"一步跨千年"的历史巨变。2018年，独龙江乡独龙族率先在全国实现整族脱贫；2019年，普米族实现整族脱贫；2020年怒族、傈僳族实现整族脱贫。2020年，全州4县（市）全部退出贫困县序列，贫困县（市）全部摘帽，各民族实现整族脱贫。千百年来贫穷落后的怒江在实现社会制度千年跨越的基础上，正在实现社会文明的时代跨越。

1. 春风化雨催奋进，亲切关怀暖人心

习近平总书记非常关注怒江州的发展，多次在讲话中提到怒江州脱贫工作，多次对怒江州工作作出重要批示指示。2014年1月，获悉高黎贡山独龙江公路隧道贯通，习近平总书记亲切致信祝贺；2015年1月，在云南考察的习近平总书记在昆明亲切会见了怒江州少数民族干部群众代表，提出"全面实现小康，一个民族都不能少"；2019年4月10日，习近平总书记给贡山县独龙江乡群众回信，祝贺独龙族实现整族脱贫，勉励乡亲们建设好家乡、守护好边疆，努力创造更加美好的明天。2020年3月6日，习近平总书记在中央决战决胜脱贫攻坚工作座谈会上，听取了怒江州等地的工作汇报。"一次批示""一次会见""一次回信"言之谆谆、意之殷殷的嘱托，饱含着习近平总书记对边疆各族人民的深情厚爱，为打赢怒江州深度贫困脱贫攻坚战指明了方向、提供了根本遵循。

全州扶贫开发暨整乡整村推进工作现场会议

2. 攻克深度贫困，决胜脱贫攻坚

怒江州委、州政府始终牢记习近平总书记殷殷嘱托，坚持以脱贫攻坚统揽经济社会发展全局，切实把脱贫攻坚作为全州首要政治任务、发展头等大事、第一民生工程来抓，聚焦脱贫攻坚中的难中之难、坚中之坚的"硬骨头"，凝心聚力、尽锐出战，狠抓脱贫攻坚任务落实，聚焦实现"两不愁、三保障"，立体推进易地扶贫搬迁、产业扶贫、生态扶贫、健康扶贫、教育扶贫、能力素质建设、农村危房改造、贫困村提升、兜底保障、守边强基等"十大工程"，深入实施兴边富民工程、"直过民族"和人口较少民族脱贫攻坚、改善沿边群众生产生活条件三年行动计划，形成了独具怒江特色的深度贫困脱贫攻坚作战体系。

搬迁前的房子

搬迁前的房子

搬迁前的生活条件

搬迁前简陋的洗澡间

通过实施易地扶贫搬迁，67个易地扶贫搬迁集中安置点拔地而起，占全州总人口近1/5、建档立卡贫困人口1/3的10.2万贫困群众迁入新家。全州完成了8万户4类重点对象房屋安全等级加固、认定和贴牌工作，实现了全州农村人口"危房不住人、住人无危房"的目标。2020年，怒江州实现了26.95万建档立卡贫困人口全部脱贫，249个贫困村全部退出，4个贫困县（市）全部摘帽。

2017年11月15日,兰坪县举行脱贫攻坚和基层党建实战队誓师大会

怒江州举行深度贫困"百日歼灭战"出征仪式

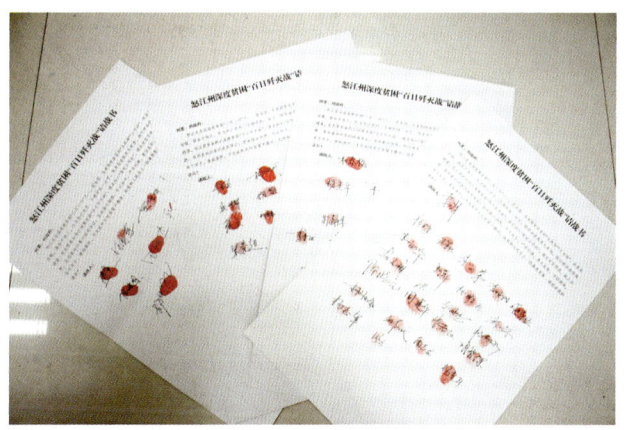
深度贫困"百日歼灭战"请战书

全体"背包工作队"队员举行出征宣誓

"背包工作队"出征

兰坪县妇幼保健院和"村三委"班子点着蜡烛核对贫困对象精准信息

工作人员把脱贫工作做得精准精准再精准

泸水市六库镇双米地村

搬迁后的房子

大龙塘易地扶贫搬迁安置点

群众入住安置房露出满意笑容

入住群众为新家点赞

2017年4月，一名乌拉圭广泛阵线干部考察团人员对怒江州在平地极少的条件下规划的足球场大为赞赏

光伏发电，产业扶贫

新中国成立前的独龙族孩子穿着破烂

3. 一步跨越千年，整乡整族脱贫

怒江州 60% 的地区和人口从原始社会末期、奴隶社会初期直接过渡到社会主义社会，"条件性"贫困和"素质性"贫困相互交织。为确保在全面建成小康社会的路上，不让一个民族掉队，怒江州在全国率先开展"整乡推进、整族帮扶"，实现"一步跨千年"的历史巨变。2018 年，独龙江乡独龙族率先在全国实现整族脱贫；2019 年，普米族实现整族脱贫；2020 年怒族、傈僳族实现整族脱贫。

独龙江乡脱贫前的村庄

独龙江乡脱贫前的居民屋

独龙江乡脱贫前的文面老人

搬迁后的居住条件

搬迁后的生活条件

独龙江乡脱贫后的文面老人

独龙族成为全国第一个整族进入 4G 时代的民族

五星红旗在独龙江峡谷深处飘扬

丰收的喜悦

珠海怒江扶贫协作联席会议

4. 凝聚八方力量，携手消除贫困

"一方有难、八方支援"，珠海市、中国交通建设集团有限公司、三峡集团、大唐集团纷纷行动起来。珠海市在"怒江所需、珠海所能"的东西部扶贫协作框架下，采取"二帮一"的方式，深入开展"携手奔小康"和"百企帮百村"行动。珠海市8个区与怒江州4个县（市）结对帮扶，珠海18个镇、8个行政村、161家企业、35家学校、17家医院和12家社会组织分别与怒江乡镇、村、学校、医院对口帮扶。中国交通建设集团有限公司共选派15名优秀干部赴怒江州开展定点扶贫，累计到位帮扶资金3.4亿元，达成扶持50年共识，援建中交福贡木尼玛大桥、中交兰坪新时代希望学校等，联合组建中交怒江产业扶贫开发有限公司，打造了资源整合与扶贫开发平台，建立了持久增收致富的市场化扶贫长效机制，开创了一条市场化扶贫的新路。三峡集团投入帮扶资金8.9亿元，精准帮扶福贡、贡山、兰坪3个县、15个乡（镇）、56个村的怒族、普米族聚居区0.87万户2.85万贫困人口脱贫。大唐集团投入6.7亿元，精准帮扶泸水、福贡、兰坪3个县（市）、18个乡（镇）、102个傈僳族聚居区4.3万户17万贫困人口脱贫致富。

珠海市对口教育帮扶——教学

珠海市对口教育帮扶——优秀教师培训交流

珠海市对口教育帮扶——教师跟岗学习

珠海市对口怒江州医疗帮扶——实地教学

珠海市人民医院对口帮扶怒江州人民医院

中交兰坪新时代希望学校建成

大唐集团援建的营盘镇中心完小教学楼

三峡集团援建"巾帼扶贫车间"

中交怒江连心桥建设初期

中交怒江连心桥建成

珠海市对口帮扶南大门安置点

中国交通建设集团有限公司助力劳务输出

珠海市在兰坪县举办劳动力转移就业招聘会

贡山县组织输送劳动力赴珠海市务工

三峡集团帮扶人口较少民族普米族项目点

珠海市对口帮扶怒江州，通过劳动就业转移，让群众在珠海市打工挣钱

人民楷模——高德荣

5. 打赢脱贫攻坚战,先进模范显担当

怒江州的人民群众牢记使命,奋斗激情再升华。全州人民深刻认识"脱贫只是第一步,更好的日子还在后头",这既是勉励更是鞭策,大力弘扬"怒江缺条件、但不缺精神不缺斗志"的怒江州脱贫攻坚精神和"苦干实干亲自干"的怒江脱贫攻坚作风,涌现出了"人民楷模"高德荣、"最美奋斗者"邓前堆、"最美支边人物"管延萍等先进模范,进一步激发了全州人民干事创业的昂扬斗志和必胜信心。

"人民楷模"高德荣

高德荣曾任云南省贡山独龙族怒族自治县县长、怒江州人大常委会副主任,第十届全国人大代表。他长期坚守在条件艰苦的独龙江畔,全身心致力于家乡建设发展,是少数民族脱贫攻坚的带头人,是新时期共产党员的优秀代表。

高德荣,男,独龙族,中共党员,1954年生,云南贡山县人。在任州、县领导期间,他科学制定发展战略,突出培育"水电、矿业、旅游、边贸"为主的特色产业群，为当地经济社会跨越式发展作出贡献。退休后，他继续坚守在独龙江河谷，跑工地、进农家，千方百计打通了独龙江乡通往山外的唯一公路，实现独龙族整族脱贫，把党和政府的关怀送到群众家中。他数十年如一日扎根边疆山区，怀着对党和人民事业的满腔热情，积极为教育奔波、为环保呼吁、为乡亲解难，改变了独龙江交通闭塞、基础设施落后、发展迟缓的面貌。他为造福一方百姓倾注了心血和汗水，受到广大群众的热切欢迎。他做人坦荡磊落、为官清正廉洁，从不利用手中权力为自己和亲属谋取好处，展现了共产党人为民务实清廉的良好形象。

"我们要把上级给的扶持资金当成种子，靠我们自力更生来发芽结果。"高德荣同志信念如山、对党忠诚的政治品格，大爱无私、一心为民的公仆情怀，务实担当、干事创业的拼搏精神，是广大党员干部特别是边疆少数民族干部的学习楷模。高德荣荣获"全国优秀共产党员""全国民族团结进步模范个人""全国脱贫攻坚奖""时代楷模""全国道德模范"等荣誉称号。在新中国成立70周年前夕，党和人民授予他"人民楷模"国家荣誉称号，习近平总书记亲自给他颁奖。

贡山县老县长高德荣的产业梦

高德荣带领独龙江群众采收草果

独龙江隧道贯通之际，贡山县老县长高德荣给有功人员献花

"最美奋斗者"——邓前堆过溜索为群众看病

"最美奋斗者"邓前堆

邓前堆，男，怒族，中共党员，1964年3月生，云南省福贡县人，福贡县石月亮乡拉马底村乡村医生。他情系乡村，扎根基层，以"救死扶伤"为己任，29年如一日，依靠一副溜梆通过索道横跨怒江，冒着生命危险来往于怒江两岸村寨，为群众出诊治病解忧，用坚守换来了百姓的健康，以实际行动实践着一位乡村医生的理想与信念，被人们亲切地称呼为"索道医生"。邓前堆荣获"全国优秀共产党员""全国卫生系统先进个人"等荣誉称号，获"全国五一劳动奖章""白求恩奖章"。

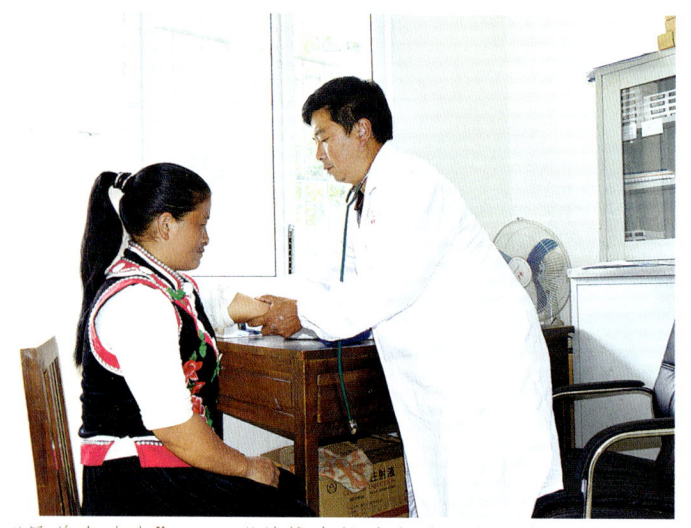

"最美奋斗者"——邓前堆在拉马底村卫生室为群众看病

"最美支边人物"——珠海市援助怒江州医生管延萍

"最美支边人物"管延萍

2017年3月,作为珠海市金湾区首批援助怒江州的医生,管延萍来到云南省怒江州条件最艰苦的丙中洛镇卫生院工作。这里还有很多村落未通公路,出入全都依靠在悬崖峭壁上凿出来的羊肠小道。管延萍和同事们只能用背篓将心电图机、B超机等医疗器械背进大山,为村民们提供医疗服务。1000多个日夜,管延萍背着背篓,跋山涉水,爬冰卧雪,送医进山达300多次;散落在丙中洛高山峡谷间的46个村组,她整整走了4轮。为了大峡谷群众,她主动将在怒江州扶贫支医的时间从半年延长至3年,被当地人亲切地称为"背篓医生"。

举办产业开发培训

（二）因地制宜发展特色产业

近年来，怒江州始终坚持生态优先、绿色发展理念，不断调整优化产业结构，先后实施了"四个百万"工程、"321156"工程、绿色香料等产业建设，将资源优势有效转化为产业优势和经济优势，努力打造以草果、花椒为代表的绿色香料产业，以核桃、漆树为主的木本油料产业，以重楼、云黄连等为主的林下产业，一大批林药、林菌、林禽、林蜂等"不砍树也能致富"的新兴产业正在兴起，走出了一条既能保护生态环境又能增加林农收入"两全共进"的路子，用实际行动诠释了绿水青山就是脱贫致富的"幸福靠山"。

做大做强以怒江草果为主的绿色香料产业。全州草果种植面积和产量均占全省总量的50%以上，怒江州已成为我国草果的核心产区和云南省最大的草果种植区，带动怒江州沿边3个县市4.31万户农户增收，覆盖16.5万人。全州因地制宜发展草果、蔬菜、水果、茶叶、中药材、核桃、花椒、漆树、养蜂业、冷水鱼、特色畜禽等重点特色产业，结合区域实际选择"1+n"个主导产业，打造"一县一业"。

截至2019年底，全州已有有机认证有效企业20家，有机产品58个，证书编号36个，认证总面积16.28万亩，年产量1.45万吨，年产值50402.6万元；无公害农产品6家，种植面积5280亩。怒江州参与产业扶贫的各类新型农业经营主体1086个，新型经营主体带动全州建档立卡贫困户6.56万户25.69万人。

绿色产业——草果

草果是独龙族群众的"致富果"

草果已成为独龙族群众脱贫致富的"金果果"

生活在古炭河畔的农民办茶园、采春茶

种植的核桃丰收了

采摘石斛

花椒红了,农户笑了

采收火龙果

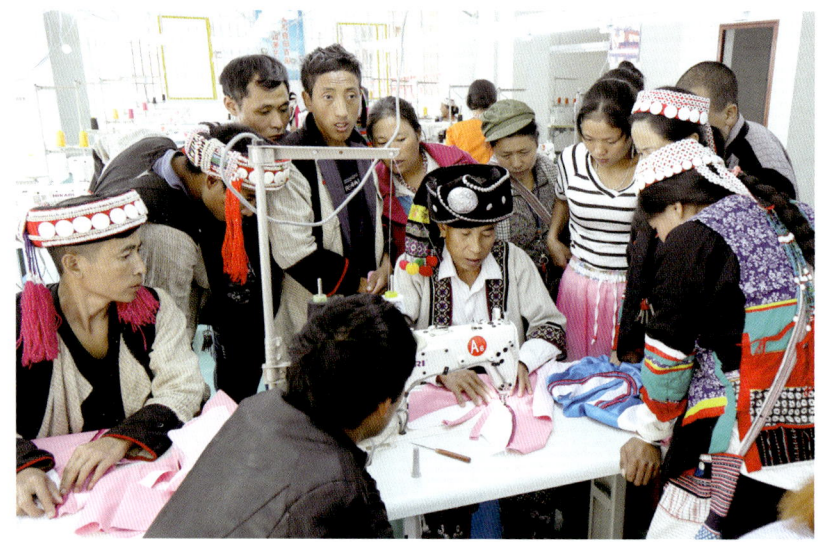
农民群众学技术，增收入

发展养蜂产业，促进贫困群众增收

泸水市永强种养殖农民合作社的养蜂产业长势旺

过去进出独龙江乡的路每年有半年时间大雪封山，干部群众只有冒险穿越雪山

（三）加快推进基础设施建设

交通设施持续改善，怒江州公路总里程突破6000千米，每个行政村都通了公路，完成了全州索改桥工程，138座桥梁飞跨三江，书写了怒江"深山绝壁通天路、历尽艰辛架飞虹"的交通建设壮举；电力建设从无到有、迅猛发展，实现了户户通电，各族群众用上了优质可靠的电力；农田水利基本建设成效显著，农村生产生活条件大为改善；市政设施不断完善，城镇化步伐加快，公共服务能力和水平全面提升。全州各族人民正逐渐摆脱贫困、奔向小康生活。

独龙江公路隧道通车前的独龙江公路

独龙江雪山旧隧道

1. 交通设施持续改善

长期以来，以交通为代表的基础设施落后，是制约怒江州经济社会发展的最大"瓶颈"之一，州内无高速路、无机场、无铁路、无航运、无管道运输，远离省域经济发展中心，县、乡、村公路等级低，农村路网晴通雨堵，与外界脱节，条件性贫困突出。怒江州把制约其发展的对外交通作为破解深度贫困的"卡脖子"工程来攻克，狠抓二级路、高速路、机场等重大交通基础设施建设，打通外联内通通道，通过一系列重大项目建设的接续推进，基础设施不断"变穷貌""换新颜"，实现了从闭塞难行到四通八达的质的飞跃，群众出行更加便捷。

怒江美丽公路南延线项目建成通车，惠及沿线 30 多万各族群众，成为引发怒江旅游、推动怒江州发展的振兴之路；兰坪丰华通用机场投入使用，实现了怒江州各族人民期盼千年的"飞天梦"；保泸高速公路 2020 年底建成通车，怒江州结束了无高速路的历史；建成了 137 座跨江大桥，历史性解决了怒江人民过江靠溜索的日子；农村公路全面提质，行政村公路硬化率达 100%，通邮、通客率均达 100%。畅通的县、乡、村组公路，不仅解决了群众的出行难问题，也成为惠及民生、绿色发展、脱贫致富、乡村振兴的强大"引擎"。

建设中的保泸高速公路

农村公路硬化工程

新建吊桥代替了以往的溜索

改造前的高黎贡山黑普坡罗隧道

独龙江公路隧道全长6.8千米

一辆越野车在独龙江公路高黎贡山隧道内行驶

美丽公路（一）

美丽公路（二）

美丽公路（三）

峡谷公路

泸水市跃片公路（一）

泸水市跃片公路（二）

中交怒江连心桥横跨怒江

怒江二桥延长线

贡山县丙中洛镇那桶村，怒江大峡谷的终点

登埂怒江大桥与怒江山水融为一体

澜沧江上的大华桥水电站

2. 电力通信、农田水利迅猛发展

近年来，全州电力通信和农田水利建设迅猛发展。全州村（社区）通动力电，农户通电率达100%；有了标准化卫生室、公共服务和活动场所，农村通广播电视率达100%，村委会、学校和卫生室100%通宽带网络；全面完成农村饮水安全巩固提升工程，农村人畜饮水水量、水质、用水方便程度和供水保证率全面达标，农村自来水普及率达到94%，农村集中供水保证率达到96%。经济社会面貌发生了翻天覆地的变化，广大农民精神面貌焕然一新，人民群众的获得感、幸福感、自豪感、安全感大幅提升。

供电所施工人员用独木梯搬运线材,为了让独龙族群众早日用上电

国务院国资委优秀共产党员、独龙江乡供电所所长褚利东和同事一起向独龙族文面老人讲解安全用电常识

2014年,我国首个20千伏乡镇独立电网即将建成投产前,独龙江供电所员工对独龙江乡拉王朵村变压器进行最后调试

2004年10月，中国移动在独龙江乡开通了GSM移动通信网络，改写了独龙族不通电话的历史

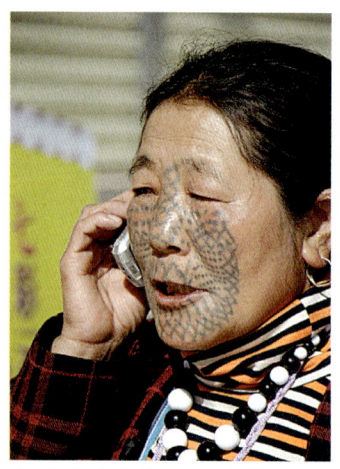

独龙族群众用上了手机

2013年10月，随着移动通信普及，越来越多的独龙族群众开始使用移动通信业务

2019年4月15日，怒江傈僳族自治州人民政府与中国移动通信集团云南有限公司签署《5G战略合作框架协议》

2019年5月14日下午，云南省怒江州贡山县老县长高德荣在自己的家乡独龙江乡拨通了云南首通5G电话

美丽宜居的村庄

泸水市上江镇城墙坝易地扶贫搬迁安置点

兰坪县永昌社区易地扶贫搬迁安置点

3. 城乡建设平稳有序

近年来，依托宜居良好的生态环境、特色民族风貌的干净家园，怒江州着力打造边境地区高质量城镇化示范区。"天境怒江、山水峡谷"——泸水，"三江之门"——兰坪，"养生福地、生态福贡"——福贡，"三江明珠、中国贡山"——贡山，构成了特色鲜明、功能完善、生态优美、宜居宜业、独具怒江特色的"美丽县城"。

福贡县鹿马登乡拉马得易地扶贫搬迁安置点

兰坪县兔峨乡永福社区易地扶贫搬迁安置点

大兴地镇自扁王基村火龙果合作社分红仪式现场

怒江州工程人员携广播电视"村村通"直播卫星接收设备溜索过江

云南电网公司独龙江乡无电人口通电工程顺利竣工投产

贡山县"溜索改桥"工程的独龙江乡孔当村大桥

（四）深入实施兴边富民工程

兴边富民工程惠民生。怒江州实施抗震安居、产业培育壮大、基础设施建设、公共服务提升、村寨环境整治、劳动力素质提高等工程，实现"五通""八有""三达到"目标。全州3个边境县率先通路、电、水、广播电视、互联网，有村级活动场所、卫生室、安居房、脱贫产业，基本公共服务水平不断提升，如期实现脱贫目标。

六丙公路一期工程南坝怒江特大桥

贡山县普拉底乡禾波村卫生室

独龙江乡卫生院

独龙江乡九年一贯制学校

精准扶贫促整族脱贫。2010年以来，启动了独龙江乡整乡推进整族帮扶工作，通过6年努力，独龙江乡基本实现经济发展跨越、基础设施夯实、人居环境改善、社会事业进步、特色产业发展和素质能力提升"六大变化"，为决胜脱贫攻坚奠定了坚实基础。2014年底高黎贡山独龙江公路隧道正式通车，结束了每年有半年大雪封山期不通路的历史。2018年底，独龙江乡在全州率先实现整乡退出、独龙族整族脱贫，对边疆民族地区脱贫发展起到示范引领作用。2019年，普米族实现整族脱贫；2020年怒族、傈僳族实现整族脱贫。

给老百姓们照全家福

独龙江旅游小镇

（五）加快少数民族特色村寨保护与发展

少数民族特色村寨是指少数民族人口相对聚居，且比例较高，生产生活功能较为完备，少数民族文化特征及其聚落特征明显的自然村和行政村，是传承民族优秀文化的有效载体，也是少数民族和民族地区发展特色经济的重要平台。长期以来，我国非常重视民族特色村寨的保护与开发工作。为贯彻落实好中央的意见和规划，云南省民委和财政厅于2010年下发了《关于做好云南少数民族特色村寨保护与发展试点工作的实施意见》，推进少数民族特色村寨保护与发展工作。

怒江州高度重视少数民族特色村寨保护与开发工作。充分认识到保护和开发少数民族特色村寨，对于打赢怒江州深度贫困脱贫攻坚战、传承和弘扬少数民族传统文化、增强民族自豪感、提高各民族的凝聚力向心力具有重要意义。2010年，怒江州结合当地实际，将贡山县独龙江乡腊配村和丙中洛镇秋那桶村作为试点，按照"民族风格凸显、民族工艺精湛、民族文化繁荣、民生工程改善、民族关系和谐"的要求，依托当地少数民族地区的自然禀赋和发展优势，积极推进特色村寨保护与开发工作。主要开展特色民居保护与改造、特色产业培育、民族文化传承保护、民生改善、民族团结进步创建等工程。随着工作的推进，怒江州内傈僳族、怒族、独龙族、白族、普米族、景颇族等少数民族特色村寨得到保护和发展。村寨经济基础得到壮大、产业得到发展、生产生活条件得到改善、民族团结得到巩固。截至2020年，怒江州有17个村寨被命名为"中国少数民族特色村寨"，分别是大南茂村、老姆登红卫村、秋那桶村、腊配村、罗古箐村、滴水河村、托拖新村、娃底村、甲生村、重丁村、钦兰当村、巴坡村、八十一自然村、果力村、雾里村、双拉1-2组、大古梅村。

罗古箐村

改造提升后的独龙族旅游特色村寨

雾里村

贡山县独龙江乡巴坡村旧貌换新颜

二、政治建设大加强

怒江州历届州委始终把政治建设放在第一位。党的十八大以来，中共怒江州委坚持把学习贯彻习近平新时代中国特色社会主义思想作为首要政治任务。各级领导班子会议"第一项议题"是及时传达学习习近平总书记重要讲话、党中央重大决策部署精神，持续在学懂弄通做实上下工夫，保持政治上思想上行动上的高度统一。

（一）坚持和加强党的全面领导

近年来，全州上下深入开展"自强、诚信、感恩"主题活动和每周一"升国旗唱国歌"活动。易地扶贫搬迁安置点户户悬挂习近平总书记接见怒江州少数民族干部群众代表的相框照片和习近平总书记给独龙江乡群众的回信。行政村和易地扶贫搬迁安置点每天播放中央电视台《新闻联播》，以及《没有共产党就没有新中国》等爱国主义经典歌曲。怒江州还组建"感恩宣讲团"，用少数民族语言讲怒江州发展变化、群众生活变化，教育引导广大群众听党话感党恩跟党走，各族群众发自内心感恩共产党、感谢总书记。

贡山县独龙族干部向群众宣读习近平总书记回信

怒江州领导干部参加学习贯彻习近平新时代中国特色社会主义思想和党的十九大精神培训

"福贡人民十谢共产党"标语牌

易地扶贫搬迁安置点（一）

易地扶贫搬迁安置点（二）

易地扶贫搬迁安置点（三）

兰坪县易门箐易地扶贫搬迁安置点

易地搬迁集体入住仪式

易地搬迁安置点悬挂"幸福来自共产党"感恩标语

贡山县普拉底乡力透底村东月各村民小组在"8·18"灾后重建的家园中升起红旗、颂扬党恩

感恩党,峡谷红旗飘

感谢总书记、感恩共产党

贫困村组织党员开展升国旗唱国歌活动

怒江州机关干部参与"云岭儿女心向党"活动

怒江州宣传党的十九大精神,红色文艺轻骑兵惠民演出走进中排乡

怒江州坚持把脱贫攻坚的"主战场"变成检验干部能力和实绩的"大考场",把想干事能干事干成事的干部派去啃最难啃的骨头,让干部特别是少数民族干部在脱贫一线锤炼意志品质、提高能力素质、炼就铮铮铁骨。2018年至2019年,全州共提拔使用脱贫攻坚实绩突出的干部286名。在全州上下开展争当"有情怀有血性有担当"的怒江州脱贫攻坚干部研讨实践活动,激励广大干部勇于担当作为,忠诚履职尽责;组建了覆盖州、县(市)、乡(镇)、村和易地扶贫搬迁安置点的新时代文明实践中心(所、站);关心关爱脱贫攻坚一线干部,创立"怒江扶贫暖心基金",募集资金3018万元,定期对在脱贫攻坚一线牺牲、受伤人员及家属开展抚恤、救助和关爱,发放关爱慰问金138万元,有78个扶贫干部家庭和个人受到慰问和关爱,为11264名村(社区)、驻村扶贫干部配备"暖心药包"。在脱贫攻坚主战场上,广大党员、干部得到了历练,能力得到了提升,作风转变了,自信心增强了,精气神提起来了,涌现出了一大批"有情怀有血性有担当"的怒江州脱贫攻坚干部。

以"党支部+产业合作社""党建+合作社+贫困户"等产业发展模式发展壮大村级集体经济,发挥新时代农民讲习所、怒江州职教中心、乡镇党校、党群活动场所作用,开展实用技能培训,群众走入学堂学技能、走出学堂上岗位,各级党组织和广大党员干部成为各族群众战天斗地的"主心骨""贴心人"。

开展基层党建和脱贫攻坚现场观摩活动——泸水市幼儿园

开展基层党建和脱贫攻坚现场观摩活动——老窝镇中元村

"敢于迎难而上,做一名干事有血性的干部"标语

贡山县建立基层党建督查员队伍

组织贫困村（社区）党组织书记培训

举办"不忘初心、牢记使命"主题教育活动，学习党史新中国史

组织党员过"政治生日"

新时代农民讲习所在托坪村开展政策宣讲

贫困村组织开展宣传党的政策活动

举办各种实用技术培训，拓宽增收致富渠道

举办新时代农民讲习所挖掘机操作员培训班

木楠村委会开展农村摩托车维修技术培训

组织山区群众进行种植技术培训

县妇联到闪当村开展羊肚菌种植技术培训

组织群众进行电子科技培训

兰坪县城区幼儿园举行升国旗仪式

五星红旗下的温暖

我与国旗合影

怒江州第十一届人民代表大会第四次会议

怒江州第十一届人民代表大会第四次会议投票现场

独龙江乡巴坡村人大代表联络室公示栏

（二）推进自治机关及政协建设

1. 人大建设

60余年来，怒江州人民代表大会制度逐步建立、健全和完善。各级人民代表大会及其常务委员会依照宪法和法律的规定，充分发挥了地方国家权力机关的职能作用，认真履行民族自治地方立法权、重大事项决定权、监督权和人事任免权，对全州的民主政治建设，新型的社会主义民族关系，民主与法制建设，边疆和社会的稳定，经济文化等各项社会事业的健康发展发挥了重要作用。

独龙江乡政府所在地

2. 人民政府建设

60余年来,怒江州政府全面加强自身建设,政府职能进一步转变,行政效能和服务水平稳步提升。州政府依法接受州人大及其常委会的监督,自觉接受州政协的民主监督,坚持人大代表、政协委员列席政府常务会议制度。州政府深入推进政府系统党风廉政建设和反腐败工作,加强对侵害群众利益的不正之风和腐败问题专项整治,自觉接受纪检监察监督,强化审计监督。深入开展"对党忠诚、履职尽责、攻坚克难"专题谈话活动,持续开展领导干部"五个一"抓基层党建和脱贫攻坚专项行动,坚决贯彻落实中央八项规定及其实施细则精神,严格落实"基层减负年"各项要求,为基层松绑减负,让干部担当作为。

独龙族群众参加民主选举投票

群众评议

福贡县政协机关组织学习《中华人民共和国民族区域自治法》

3. 政协建设

60余年来,怒江州政协在中共怒江州委的坚强领导下,始终紧紧围绕全州中心工作,在议政建言和凝聚共识上双向发力,全面完成了各项工作任务,为推动政协事业发展,促进全州经济发展和社会稳定作出了积极贡献。

怒族博物馆

独龙族博物馆

知子罗村史馆

三、文化事业大进步

怒江州聚居着傈僳、怒、独龙、普米、白、彝、景颇、傣、藏、纳西、回、汉等20多个民族，是"三江并流"世界自然遗产民族文化多元性和原生性的主要保留区，有着民食多元、民居独特、民服绚丽、民舞奔放、民歌悠扬、民风淳朴的特色，多宗教和谐共存，被誉为"民族文化的大观园"。

（一）文化事业欣欣向荣

随着全州各族人民生活水平的提高，全州文化事业发展迅速，建立了相对完善的公共文化服务体系。文化精品享誉国内外，文艺人才脱颖而出，文化遗产得到保护和传承，文化事业欣欣向荣。

托坪村史馆　　　　　　　　　　　知子罗新时代文明实践中心

农家书屋成百姓"知识粮仓"　　　　　田径运动场

爱心书屋

1. 公共文化设施持续改善

近年来，怒江州着力加强公共文化设施建设，深入实施文化惠民工程。至2019年末，全州有文化馆5个，公共图书馆5个，文化站29个。这些公共文化设施的投入使用在传承民族文化、弘扬民族精神、促进民族团结进步、维护边疆繁荣稳定、丰富群众文化生活等方面发挥了积极作用。

"三下乡"活动现场

独龙江乡"三下乡"活动现场

2. 文化工作有序推进

近年来，怒江州深入推进优秀传统文化创造性转化、创新性发展，扎实做好公共文化供给服务、文化遗产保护开发利用、文艺精品创作等工作。截至2019年，全州有艺术表演团体5个。在全州范围内深入开展送戏送书下乡和农村电影放映等文化惠民活动，国庆节、阔时节系列活动亮点纷呈；完成17座中央广播电视节目无线数字化覆盖补点台站建设，广播电视无线覆盖得到加强。

丙中洛镇的民俗活动

普拉底乡的农民文体活动

广场舞

"首届云南民族服装服饰文化节"在怒江州成功举办

民族服饰展示节目《最炫民族风》

歌手阿娜思语

民族语电影译制现场

红霞乐队演出

酒歌大赛

景颇族群众织锦

3. 民族文化遗产永续传承

近年来，怒江州着力加强少数民族优秀传统文化的传承和保护，建设"非遗"传习馆，培养"非遗"传承人，打造了《母亲河》《傈僳人》《独龙江·独龙人》等文化精品。"摆时""红歌""优叶""弦子舞""唢呐演奏""搓蹉舞"等历久弥新、扣人心弦的民族歌舞得到传承弘扬。全州各族人民充分利用民族节日，烘托节庆团结氛围，增强民族凝聚力，民族节日一起过、民族歌舞一起跳，促进各民族文化交流。"各美其美，美人之美，美美与共"的文化观成为全州各族干部群众共同的价值追求。

中国舞蹈"荷花奖"获奖节目《母亲河》剧照（一）

中国舞蹈"荷花奖"获奖节目《母亲河》剧照（二）

《傈僳人》剧照

云南省新剧（节）目展演歌舞、音乐、杂技类金奖《独龙江·独龙人》剧照

云南省新剧（节）目展演优秀奖大型舞蹈诗《啊！阿怒》剧照

傈僳族阔时节系列活动之酒歌大赛

傈僳族阔时节欢庆场景

傈僳族阔时节狂欢

独龙族的开昌瓦节

"非遗"文化宣传栏

怒江州国家级非物质文化遗产代表性项目名录

序号	名称	类别	公布时间	申报地区或单位	保护单位
1	傈僳族民歌	传统音乐	2006（第一批）	云南省怒江州、泸水县	怒江州文化馆、泸水市文化馆
2	普米族搓蹉	传统舞蹈	2008（第二批）	云南省兰坪县	兰坪县非物质文化遗产保护中心
3	怒族达比亚舞	传统舞蹈	2014（第四批）	云南省福贡县	福贡县文化馆
4	独龙族卡雀哇节	民俗	2006（第一批）	云南省贡山县	贡山县文化馆
5	怒族仙女节	民俗	2006（第一批）	云南省贡山县	贡山县文化馆
6	傈僳族刀杆节	民俗	2006（第一批）	云南省泸水县	泸水市文化馆

傈僳族民歌

傈僳族的民歌各式各样，包括木刮、摆时和优叶等歌种。

"木刮"是傈僳族最重要、流传最广的民歌歌种之一，主要流传于怒江州的傈僳族聚居区。木刮在傈僳语中原泛指所有的歌和调，后来逐渐成为叙事古歌的专称。其他属木刮类的歌、调一般冠以内容，如阿尺木刮（山羊调）、其奔木刮（三弦调）等。木刮主要用于内容严肃、气氛庄重的传统叙事长诗，并多在民族节日、集会等时间和场合歌唱。代表性歌唱内容如《创世纪》《生产调》《牧羊歌》《逃婚调》等，曲调朴实、深沉，具有苍凉、古老的风格。木刮一般由中老年男子分为两方，围坐火塘边，各以男、女身份一问一答对唱。对唱时双方都由一人领唱，众人伴唱，领唱者唱一句，伴唱者和一句，吟唱中以酒助兴，边饮边歌。木刮对唱还具有竞赛的特点，若双方领唱者均为对歌能手，对歌往往持续几天几夜。以木刮对唱的傈僳族传统叙事古歌，广泛涉及民族渊源、人类繁衍、生产生活、风情习俗、恋爱婚姻、宗教信仰和民族交往等内容，生动再现了傈僳族社会历史的广阔图景，具有较高的认识和审美价值。如长篇叙事歌《逃婚调》就反映了傈僳族"指腹为婚""以牛为聘"的婚恋习俗，以逃婚争取自由和爱情，以及各民族之间相互往来、相互帮助的团结精神和傈僳族的社会生产力水平、生产状况等。

随着老一辈歌手的相继去世，现今已较少有人能完整歌唱傈僳族木刮史歌、长篇叙事歌的内容。如不及时抢救、挖掘，抓紧培养年轻一代歌手，木刮将面临后继无人的局面。

摆时演唱（一）

"摆时"和"优叶"是怒江州最具代表性的两类傈僳族山歌。

摆时广泛流传于泸水市和兰坪县傈僳族地区，在平时及节日集会、庆祝丰收、男婚女嫁等喜庆的场合歌唱，歌词内容广泛，曲调热情奔放，宜于表露内心情感，深受傈僳族人民喜爱。摆时多为集体性的男女对唱，也可由一人作自娱性独唱。歌唱内容分为"朵我""辖我"两类。"朵我"主要歌唱传统叙事长诗，"辖我"则根据对歌对象即兴编唱，多以爱情、时事为主要内容。摆时代表曲目有《竹弦歌》《忆苦歌》《孤儿泪》等。一年一度的泸水市登埂"澡塘赛歌会"是摆时对唱的隆重盛会。

优叶主要流传于福贡县傈僳族村寨，按歌唱内容及形式分为两类：一类由中老年人围坐火塘边一面饮酒一面对唱，主要内容是追述旧时的悲伤、苦难，曲调低沉、速度徐缓、旋律平稳；另一类曲调轻松、活泼，是青年男女传情表意的主要方式，可男女对唱，也可在同性间对唱。第一类优叶现已较少传唱，第二类优叶至今仍广为流传。优叶常见曲目有《打猎歌》《悄悄话》《砍柴歌》等。

摆时演唱（二）

摆时和优叶是傈僳族口传文学艺术的杰出代表，经过历代歌手的创造，长期以来积累了极其丰富的歌唱内容，几乎涉及社会生活和民俗活动的各个方面。摆时和优叶同时也创造了富于民族个性的多种艺术表现手法，如傈僳族诗歌的句式、韵律及修辞特点主要通过这类民歌体现出来。摆时和优叶又反映着傈僳族民歌的典型音乐特色，如傈僳族民歌的多声部唱法、颤音唱法及衬词运用都能在摆时和优叶中得到充分体现。

2006年，"傈僳族民歌"经国务院批准列入第一批"国家级非物质文化遗产名录"。

摆时新韵

普米族搓蹉

搓蹉汉语意为"跳舞",是普米族的一种民间舞蹈,主要流传于怒江州兰坪县的通甸、河西、啦井、金顶等乡镇和普米族聚居的村寨。由于搓蹉以四弦的"比柏"伴奏,以羊皮鼓击节,因此又被称为"四弦舞""羊皮舞"。

搓蹉源于普米族传说。据说很久以前,一位英俊的普米族小伙子,在星光灿烂的夜晚与仙女相会,第二天清晨仙女飘然而去,小伙子为了纪念心中的仙女,便创作了一套搓蹉舞。搓蹉舞有很多形式,比如碗筷舞和撞胯舞。在碗筷的伴奏下,彼此有意的男女会用撞胯的方式来表达对对方的爱意。

普米族搓蹉保留了古代艺术歌、舞、乐三位一体的特点,活动时人们围成一圈或数圈,在四弦和羊皮包所奏音乐的引导下欢快起舞。舞蹈中舞步变化丰富,舞者在舞曲变换的空当放声歌唱,一领众和,张弛结合。普米族搓蹉分为开放式搓蹉和封闭式搓蹉两个类型,其中开放式搓蹉属自娱性舞蹈,它在长期发展过程中不断得到完善,成为普米族民众日常自娱自乐的重要形式,也成为普米族交际、喜庆之类大型活动中不可或缺的主要内容。普米族搓蹉不受时间、地点和人数的限制,参加者可随时介入舞蹈。舞者可以先后起步,也可以部分人舞蹈,部分人边走边唱,唱完后再行起舞。跳舞时,踏跺的力向为纵的关系,跨步的力向为横的关系,退步时前偏,上身和下身方向相反,上前时后仰,上下身方向亦相反。速度一般为中速。速度慢时,舞步轻盈、飘洒,仿佛微风有节奏地牵动着衣裙。速度加快时,舞步粗犷、有力。传袭至今的开放式搓蹉有十二套舞步,其队形包括手牵手的单圆圈、双圆圈和半圆圈几种,一般以逆时针方向跳,也可按顺时针方向跳。围成双圆圈时,同方向和不同方向跳均可。

搓蹉舞蹈套名多,队形、舞步变化丰富,有张有弛,不受参与人数的限制,少则几十人参与,多可上万人齐跳,多用于各种自娱、喜庆、健身活动,表达了民族团结和欢乐的情绪,是普米族人民最喜爱的舞蹈,具有一定的艺术性。

近年来,传统的普米族搓蹉正受到现代文化的冲击,出现生存危机,亟需保护传承。20世纪80年代起,由文艺工作者整理改编的搓蹉开始在国内外演出,多次获得省、国家级奖励,对宣传民族文化、促进民族团结起到了有力的推动作用。2008年,"普米族搓蹉"经国务院批准列入第二批"国家级非物质文化遗产名录"。

普米族搓蹉舞（一）

普米族搓蹉舞（二）

怒江州知子罗村怒族人民欢快地弹着达比亚喜度开春节，祈望一年风调雨顺、五谷丰登

怒族达比亚舞

达比亚（琵琶），属于弹拨乐器，作舞蹈伴奏之用。演奏时，常随演奏者内心感情的流露而变换旋律节奏，以增强感情色彩。

达比亚有梯形式琵琶和椭圆式琵琶，其外表粗糙，但音色明亮、清脆，富于表现力。一般用楠木制，上蒙薄木板，板上留有音孔，琴杆上方为弦柱，并用竹竿钉在外弦内部位，摩擦发音；没有音位，只用蜂蜡打点作为音位标记。琴身一般长70厘米，宽40厘米，厚4厘米，琴杆长30厘米。达比亚早期为三弦演奏，后人加一根，成为四弦，共有二、三或五度。

达比亚舞从多侧面反映怒族人民的历史文化生活，有重要的研究价值。2014年，"怒族达比亚舞"经国务院批准列入第四批"国家级非物质文化遗产代表性项目名录"。

千人弹唱达比亚

达比亚弹唱

独龙族卡雀哇节

独龙族卡雀哇节流传于怒江州贡山县西部独龙江流域的所有独龙族村寨。

卡雀哇节在每年农历腊月即公历的12月至次年的1月之间举行，节期最短3天，最长9天。1991年，贡山县人大常委会根据独龙族人民的意愿，把每年的公历1月10日定为独龙族的卡雀哇节。节庆内容包括木刻传信、跳锅庄、射击猎物模型、火塘烧松叶求吉祥、喝木罗酒、剽牛等。各村寨的卡雀哇节的节期前后相续，居住于独龙江上游的村落最先揭开序幕，由上游经中游而至下游，各村寨依序进入节期，整个独龙江流域独龙族山寨的卡雀哇庆典前后持续一个月。

卡雀哇节对探索独龙族文化发展的轨迹有重要价值，尤其有助于把握独龙族历法的起源及变迁历史；其次，卡雀哇节日中保留着木刻传信的信息传播方式，是研究没有文字族群的社会组织机制的珍贵样本。另外，卡雀哇节还是独龙族对传统文化加以系统整合和传承的重要载体，彰显了独龙族敬畏自然的理念和人生顺达的愿望。

独龙族是我国人口较少且跨国境线而居的少数民族之一，其传统文化抗击外来文化冲击的张力有限，卡雀哇节独特的内容、程序、礼仪都出现日渐减少的趋势。节日特有要素及其风貌一旦出现大的变异甚至消失，失去的传统文化基因就很难复生，必须予以强有力的保护。2006年，"独龙族卡雀哇节"经国务院批准列入第一批"国家级非物质文化遗产名录"，怒江州贡山县相关保护计划也陆续出台，为弘扬和传承民族文化、宣传得天独厚的旅游文化资源、展示贡山旅游品牌形象起到了积极的推动作用。

独龙族卡雀哇节

独龙族剽牛

"贡山县国家级非物质文化遗产项目——怒族仙女节"挂牌

怒族仙女节

怒族仙女节

怒族仙女节又称"鲜花节",流传于怒江州贡山县丙中洛镇的怒族聚居区,每年农历三月十五日举行,延续三天。节庆活动包括祭祀仙女洞并迎接圣水、歌舞求福、体育竞技三大类别。

关于怒族仙女节的起源,一种说法是源于原始崇拜,另一说法是怒族早期母系氏族尊崇女性的一种遗俗。怒族信奉仙女,以祈求安泰。为了纪念传说中的仙女阿茸姑娘,在她死后第二年的农历三月十五日,人们举行祭拜活动,逐渐形成仙女节习俗。祭祀中,主祭人念祝辞,大家口头献贡。随着时代的发展,祭祀仙女仪式已渐渐淡化,歌舞求福和体育竞技成为仙女节的主要活动内容。

从东渡河乘船参加怒族仙女节

怒族是我国人口较少且跨国境线而居的少数民族之一，其传统文化极易受到外界因素的冲击。仙女节的传承曾一度中断，直到十一届三中全会以后得以恢复。2006年，"怒族仙女节"经国务院批准列入第一批"国家级非物质文化遗产名录"。近年来，贡山县十分重视非物质文化遗产保护工作，不断通过各种有效途径积极鼓励和扶持民族文化艺术的传承与发展，保护传承和开发利用非物质文化遗产在贡山县脱贫攻坚中的作用日益凸显。2019年，贡山县丙中洛镇和捧当乡共同举办了"仙女节"系列文艺演出活动。在活动中，贡山县文化馆组织丙中洛农民合作社和怒族"非遗"传承人带动村民一起参与传统习俗展示。扎根在基层的民间艺人在专门设置的土特产展示区内烤石板粑粑、煮咕嘟饭、织怒毯、编竹篮等，将怒族"非遗"保护项目呈现在节日的每一个角落，让前来参加活动的民众在欢乐的节日气氛中感受怒族传统文化的魅力。

傈僳族刀杆节

傈僳族刀杆节表演"上刀山"

傈僳族刀杆节，傈僳语叫"阿堂带"，意思是"爬刀节"，它是居住在怒江州泸水市境内的傈僳族以及彝族的传统节日，节期是每年正月十五日。

"上刀山，下火海"是刀杆节中主要的习俗表演活动，同时也是一种民间传统习俗活动，它再现了山地民族翻山越岭的生活经历及攀藤附葛的艰苦卓绝的精神。关于刀杆节的来历有这样的传说：明代兵部尚书王骥受朝廷派遣，率兵马到云南边陲傈僳族居住地区部署军民联防，平息叛逆，收复被侵占的土地，在当地百姓的配合下，赶走了入侵的敌人。为了使边境民富兵强，他带领傈僳青年习武练勇。后来皇帝听信谗言，毒死王骥。傈僳人民即以过"刀杆节"的方式纪念这位爱国将领。

"上刀山，下火海"包括点花、点刀、耍刀、迎花、设坛、祭刀杆、竖杆、祭龙、上刀、折刀、下火海等步骤，其间有一套严格的仪式。上刀山和下火海是仪式中最为惊心动魄的环节。上刀山是将36把利刀捆扎于四五丈高的栗树杆上，每把刀相距尺许，刀刃全部朝上，表演者赤脚踏着锋利的钢刀，逐级爬至刀杆顶端，依次进行开天门、挂红、撒谷等表演。下火海是表演者下刀杆后又踏入通红炽热的炭火中，表演绝技。现在节日中，原始信仰的内容已被展现健康新颖的唱词和丰富的手上舞蹈动作的"跳嘎"所取代，演变为傈僳族群众表演绝技的体育活动，具有了更广泛的群众性。

刀杆节是傈僳族人民自然崇拜的产物，更是傈僳族人民爱国主义精神和不畏艰险的民族精神的体现。国家非常重视非物质文化遗产的保护与传承，2006年，"傈僳族刀杆节"经国务院批准列入第一批"国家级非物质文化遗产名录"。

傈僳族刀杆节表演"下火海"

学生就餐（旧址）

学生餐厅（新校址）

（二）教育事业蒸蒸日上

近年来，怒江州教育事业发展迅速。2016年以来，全州累计投入教育经费77.64亿元，全面改善了教育教学条件。全州九年义务教育巩固率从2015年的65.82%提高到2018年的90.63%。截至2020年底，怒江州所有学校全部达到"20条底线"办学标准，探索形成"立体式宣传、拉网式排查、'一对一'包保、全方位提升"义务教育阶段"控辍保学"定期监测机制；制定"两后生"送学工作10条措施，与云南省27家职业院校建立合作关系；4县（市）全面通过义务教育基本均衡发展国家督导评估认定；全面落实农村义务教育学生营养改善计划、"两免一补"、贫困生资助等政策。

格力小学

中交俄嘎希望小学

独龙江乡中心完小

身着少数民族服装的学生

新建成的计算机教室

学生课堂

怒江州职教中心

职业教育宣传周现场

五星红旗真好看

1964年，怒江州成立10周年体育活动（一）

1964年，怒江州成立10周年体育活动（二）

"中国交建杯"2018中国怒江皮划艇野水国际公开赛

（三）体育事业蓬勃开展

全州行政村、社区体育基础设施建设逐步完善。在竞技体育方面，怒江州选手在全国全省体育大赛中屡创佳绩，捷报频传。2019年，怒江州选手参加全国、全省各类单项比赛共获金牌16枚、银牌12枚、铜牌14枚。怒江州体育事业取得新成绩。

全国少数民族传统体育运动会民族武术项目获奖

全国少数民族传统体育运动会项目射弩

少数民族群众为皮划艇运动员加油喝彩

普拉底乡体育工作宣传栏

福贡县江西新城易地搬迁集中安置点

贡山县比毕里村新居

搬迁点社区管理规范化

搬进新家的甜蜜笑容

四、社会事业大发展

近年来,怒江州社会事业发展迅速,社会保障体系更加健全,养老、医疗、社会救助、优抚安置制度进一步完善。

(一)社会保障体系不断完善

近年来,怒江州聚焦民生保障,加强社会保障兜底,持续加大对重点人群救助力度,实现"应兜尽兜、应保尽保",民生事业大幅改善,公共服务能力显著提升,生活保障体系日趋完善,人民群众获得感幸福感安全感明显增强。

怒江州职教中心扶贫车间吸纳进城安置的易地扶贫搬迁群众就近务工

怒江州职教中心扶贫车间吸纳进城安置的易地扶贫搬迁群众就近务工

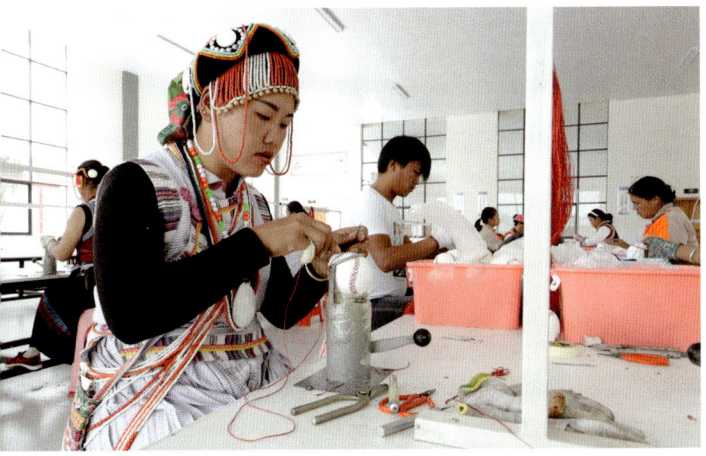
小棒球托起致富梦

福贡县务工人员在珠海市斗门区鹏辉电池车间上班

新家迎新年

独龙族文面老人领取社会保障卡现场

一老一小的甜蜜日子

福贡县石月亮乡中心敬老院

新建成的怒江州人民医院大楼

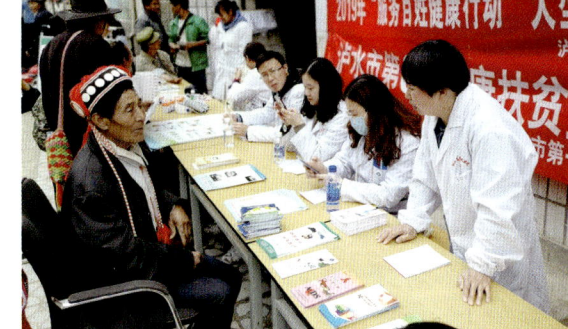
泸水市开展健康扶贫宣传日活动

(二) 医疗卫生体系建设持续加强

近年来,"建设健康怒江"深入推进,全州的医疗基础设施不断完善,医务人员能力素质加快提升,远程诊疗技术将得到广泛运用,优质医疗资源惠及更多群众。全州的乡镇卫生院、行政村卫生室、社区卫生服务中心的建筑面积、人员配备、设备配置、床位和科室设置均已达标,全面完成"基本医疗有保障"底线任务,州人民医院2号楼、州中心血站、兰坪县人民医院等一批重大医疗卫生项目建成投入使用。城乡居民医疗保险实现全覆盖,对36种大病的建档立卡贫困患者实施专项救治,"先诊疗后付费"和"一站式一单式结算"制度得到有效落实,实际报销比例达90%以上。扎实开展大病、慢病、重病集中救治,家庭医生实现"应签尽签"。在重大传染疾病防治工作方面得到全面加强。广泛开展"健康宣传日",群众健康意识和健康素养不断提高。

腊竹底村人居环境改善

(三) 人居环境全面提升

近年来,怒江州以建设"美丽峡谷、生态怒江、宜居城乡、和谐边疆"为主题,以建设美丽县城、美丽乡村为抓手,加快推进城乡人居环境整治提升工程。人居环境全面得到改善和提升。

干净整洁的小区环境

开展人居环境卫生整治工作

美丽公路

老姆登村易地扶贫搬迁安置点环境优良

怒江州最大移民搬迁安置点——城墙坝

搬迁后户外活动场所

搬迁后室内活动场所

搬迁后干净卫生的公厕

易地搬迁建新家,群众喜上眉梢

背着国徽设立巡回法庭

(四) 共建共治的社会治理格局逐步形成

怒江州委、州政府始终坚持依法治理民族事务,大力推进边疆民族地区治理体系和治理能力现代化进程。按照"坚持党委统一领导、统战部牵头协调、有关方面各负其责、形成工作合力"的要求,坚持党对统战和民族工作的统一领导,形成了"指挥有力、高效运作、横向到边、纵向到底"的大统战工作格局。

怒江州全面推行"党建统领、人民主体、三治融合、四防并举、共建共享"的新时代"枫桥经验";认真落实巡边员制度,建立矛盾纠纷调处联动机制,将矛盾化解在基层;扎实推进扫黑除恶专项斗争,一批黑恶势力及其背后的"保护伞"被依法严惩,加强了边疆治理和边境管理。2019年度,怒江州群众安全感满意度调查综合满意率为96.74%,在云南省排名第3位,各族群众的民族自豪感和对祖国的认同感不断提升,增强了守土固边、保卫边疆的责任感、使命感。

光荣参军,守护边疆

边防官兵界碑巡逻时的留影

独龙江乡边境派出所获全国首批"枫桥式公安派出所"殊荣

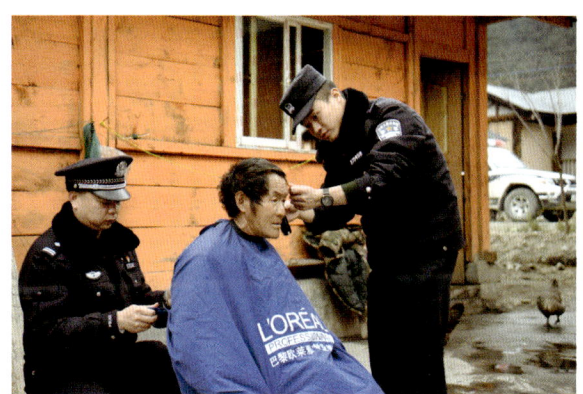
独龙江乡边境派出所民警定期免费为群众义务理发

雪山中护送被困群众

兰坪县人民法院流动法庭

独龙江乡派出所民警给群众讲解法律知识

运政执法人员进入客运站点开展禁毒日宣传活动

普拉底乡团委在其达村开展禁毒防艾宣传活动

销毁毒品现场

普拉底乡禁毒宣传文艺表演

群众夹道欢迎特警

紧急救援

独龙江的碧水

迪麻洛原始森林

五、生态环境大提升

2015年1月,习近平总书记考察云南时明确要求,云南要把生态环境保护放在更加突出的位置,成为我国生态文明建设排头兵。2020年1月,习近平总书记再次就推进生态文明建设排头兵建设进一步作出了重要指示。近年来,怒江州委、州政府认真贯彻落实习近平生态文明思想,出台了《关于在脱贫攻坚中保护好绿水青山的决定》,制定了《怒江州林业生态脱贫攻坚区行动方案》,走出一条符合州情实际、具有怒江特点的脱贫攻坚与生态环境保护的路子,坚决在"一个战场"上打赢深度贫困脱贫攻坚与生态环境保护"两场战役"。

(一)做好生态环境保护的绿色文章

怒江州地处"三江并流"世界自然遗产核心区,生态保护红线面积9014.46平方千米,占全州国土面积的61.81%,是世界生物圈保护区之一,也是生物多样性最具特色的重要地区之一,素有"动植物王国的明珠""世界物种基因库"之美称。

独龙江支流

西藏察瓦龙乡上空怒江大峡谷起始段

野牛的家园

溪流边活动的羚牛

高黎贡山的羚牛

怒江金丝猴

珙桐

红豆杉

高黎贡山湿地

（二）筑牢祖国西南生态安全屏障

近年来，怒江州聚焦生态环境的保护修复，生态文明建设取得了显著成效。先后建立了高黎贡山国家级自然保护区和兰坪云岭自然保护区，成功申报了"三江并流"世界自然遗产，实施了退耕还林、"天保工程"、"森林云南——怒江建设"，建立了"山顶封和禁、半山移和退、河谷建和育"的立体生态保护模式。全州森林覆盖率达到78.9%，生态环境状况优良指数居全省前列。

自然保护区工作人员做监测研究

自然保护区巡护人员风雨无阻

泸水市六库镇退耕地

福贡县鹿马登乡退耕地

植树造林（一）

植树造林（二）

1. 高黎贡山国家级自然保护区

高黎贡山是国家级自然保护区、世界生物圈保护区、"三江并流"世界自然遗产的重要组成部分、重要的陆地生物多样性关键地区，是我国乃至世界都极为罕见的生物资源宝库。这里蕴藏着大量珍稀野生动植物资源，是全球三大生物多样性中心之一，被誉为"物种基因库，活的博物馆"。高黎贡山国家级自然保护区怒江片区地处怒江大峡谷，坐落于怒江西岸。保护区总面积40.52万公顷，是云南省面积最大的自然保护区，其中32.37万公顷在怒江州境内，占保护区总面积的近80%。保护区主要保护对象为中山湿性常绿阔叶林、高山温性寒温性针叶林为主的森林垂直自然景观，生物多样性完整的森林生态系统，以及珍稀动植物和特有物种。

保护区丰富多彩的植被类型和茂密的原始森林为野生动物生存和繁衍提供了丰富的食源和良好的栖息环境。据调查，保护区有10个植被型，16个植被亚型，68个群系；有蕨类植物46科110属593种（变种），有种子植物218科1251属5135种及变种（裸子植物7科17属33种及变种，被子植物211科1234属5102种及变种）；被列为国家重点保护野生植物名录的有长蕊木兰、光叶珙桐、云南红豆杉、贡山三尖杉、贡山厚朴、秃杉、桫椤、云南榧树、云南黄连等34种。高黎贡山还是云南山茶、杜鹃、兰花、报春、百合、龙胆、绿绒蒿等八大名花的原产地之一，一年四季花香不断，是野生植物种质基因宝库。

高黎贡山云海

高黎贡山国家级自然保护区

高黎贡山野生羊肚菌

戴帽叶猴

白尾梢虹雉

据不完全统计，保护区有哺乳类动物205种，鸟类525种，两栖类52种，爬行类81种，鱼类49种，昆虫约有1720种。其中被列入国家重点保护野生动物的有82种，如高黎贡白眉长臂猿、高黎贡羚牛、熊猴、戴帽叶猴、金猫、白尾梢虹雉等，特别是近年来在保护区内新发现和记录的怒江金丝猴、红鬣羚、拟髭蟾、云猫等，引起了广泛的关注。

翘首杜鹃

2. 云岭省级自然保护区

云岭自然保护区位于青藏高原南部云岭山脉中部纵谷区，境内森林茂密，地形地貌复杂多样，以原始的温性寒性针叶林及针阔混交林为主的生物有机体与生态环境之间仍保持着完好的生态平衡，是澜沧江和金沙江之间的绿色屏障，也是"三江并流"世界自然遗产的重要组成部分。独特的地理位置和垂直分布的森林植被孕育了以滇金丝猴和喜马拉雅红豆杉为代表的种类繁多的动植物资源。从地理位置上看，保护区属青藏高原东南缘，横断山脉的云岭山系，保护区北段建有白马雪山国家级自然保护区，南端建有云龙天池国家级自然保护区，云岭省级自然保护区起到了承上启下的作用，它不仅完善了云岭山脉自然保护区的合理配置，而且对云岭山脉动植物南上北下的交流和过渡起到了连接的作用。

保护区总面积 75894 公顷，在行政区划上涉及兰坪县通甸、营盘、啦井、金顶和兔峨 5 个乡镇所辖的 30 个村民委员会、289 个村民小组。其中核心区 16553 公顷，占全区的 21.8%；缓冲区面积 7945 公顷，占全区的 10.5%；实验区面积 51396 公顷，占全区的 67.7%。区内最高点为雪邦山，海拔 4295 米，最低点为海拔 1899 米的拉马登水沟，全区相对高差达 2396 米。保护区内大多为高山峡谷，山脉河流纵贯，垂直高差显著变化，自然地理条件独具一格，生物多样性丰富。

滇金丝猴（一）

滇金丝猴（二）

保护区已知有种子植物141科608属1515种，其中属国家Ⅰ、Ⅱ级重点保护的野生植物有喜马拉雅红豆杉、长蕊木兰、云南榧树、西康玉兰等9种。保护区分布有哺乳动物80种、鸟类167种、两栖爬行类46种，其中被列为国家Ⅰ级、Ⅱ级保护的哺乳类动物16种、鸟类21种、两栖爬行类1种。

保护区的主要保护对象为以滇金丝猴、喜马拉雅红豆杉等为代表的珍稀濒危野生动植物及其栖息环境、生长环境，以及以杜鹃为代表的高山花卉种质资源地、原始森林生态系统和县城周边重要水源涵养地。区内分布有三个滇金丝猴种群，即长岩山种群、拉沙山种群、龙马山种群，数量约为500只。从2003年保护区建立至今，保护区始终坚持以保护滇金丝猴栖息地和减少人为干扰因素为根本任务，以拯救滇金丝猴为代表的动物栖息地和喜马拉雅红豆杉为代表的生态环境，以促进自然生态系统的良性循环为根本目标。通过对三个滇金丝猴种群进行不间断的巡护监测，全区共建立了3个巡护监测点，已形成了对全区滇金丝猴的种群数量、活动范围、食性、活动习性、繁殖时间的全面监测，特别是与大理大学共建的拉沙山野外监测基地，已逐步形成大理大学东喜玛拉雅研究院的科研孵化基地之一。

沘江河流域河道治理中

俄嘎村驻村工作队带领群众清洁家园

(三) 开展城乡环境综合治理

近年来，怒江州大力开展城乡环境综合治理，"美丽县城"和特色小镇规划建设有序推进，怒江美丽公路路域环境整治取得历史性成绩。其中，农村生活垃圾治理成效显著，累计建成覆盖16个非城关镇的垃圾处理站11座，1796个自然村实现垃圾有效治理；城乡建设用地增减挂钩及拆旧复垦复绿成效明显；全面推行河（湖）长制，怒江、澜沧江水质保持在Ⅱ类以上，沘江河等河流水质持续改善，农村人居环境整治提升工作扎实推进。

全国文明村——泸水市老窝镇崇仁村

泸水市老窝镇崇仁村

生态六库

（四）建设美好生态家园

怒江州坚持"绿水青山就是金山银山"的理念，使生态保护底线进一步巩固，国家生态文明建设示范州创建成果持续巩固。近年来，怒江州的绿色制度进一步完善，绿色屏障不断筑牢，绿色经济全面发展，绿色文明理念深入人心，实现了怒江特色、生态优先和绿色发展协同推进；实现了生态产品价值，山上经济、水中经济、林下经济全面发展；实现了农旅融合深入推进，促进旅游全区域、全要素、全产业链快速发展。怒江州在生态保护、环境质量、资源利用等方面取得重大成果，生态美、环境美、城市美、乡村美、山水美成为普遍形态。

近年来，怒江州坚持增绿与增收、生态与生计并重，聚焦建档立卡贫困人口，共聘用生态护林员 30643 人参与森林资源和生态环境管护，共带动 3.06 万个贫困

独龙江神田

家庭 12.36 万贫困人口实现稳定增收，既有效解决了深度贫困山区群众就业无门、增收无路、脱贫乏力的突出问题，又加大了生态保护力度；组建 187 个生态扶贫专业合作社，实施"治伤疤、保生态、防返贫"生态建设巩固脱贫成果行动，计划用 3 年时间在怒江、澜沧江两岸实施 30 万亩生态产业建设项目，带动 2.3 万名建档立卡贫困人口就近参与生态建设，既发展产业增加群众收入，又让怒江两岸、公路沿线可视范围的"大字报"地得到有效生态修复。怒江州充分发挥资源禀赋，加快释放生态红利，全面构建绿色生态产业体系，不断完善生态产品价值实现机制，把"绿水青山"向"金山银山"的转化途径逐步打通，加快"生态资源"向"生态资产""金融资产""生态经济""富民资源"的转化，在云南建设"中国最美丽省份"中发挥怒江优势、贡献怒江成果。

生态家园

相汇独龙江

组织生态护林员进行培训

生态护林员在野外巡护

捧当乡闪当村羊肚菌基地

色仲村发展中蜂养殖产业

泸水市永强合作社蜜蜂规模庞大

独龙江峡谷

民族团结篇

江沙埋情人活动

傈僳族群众

怒江州境内居住着傈僳、怒、独龙、普米等20多个民族，其中独龙族和怒族是怒江州特有的民族，傈僳族和普米族主要分布在怒江州，少数民族人口占全州总人口的93.96%。长期以来，怒江州就是一个和谐的民族大家庭，全州各民族交往交流交融，共居共学共事共乐，手足相亲，守望相助。党的十八大以来，在习近平新时代中国特色社会主义思想指引下，怒江州坚决贯彻习近平总书记关于民族工作的重要论述，落实中央关于民族工作的决策部署，紧紧围绕铸牢中华民族共同体意识，大力促进各民族交往交流交融，不断推进民族团结进步事业发展，处处呈现出各民族和衷共济、和睦相处、和谐发展的生动局面，各民族像石榴籽一样紧紧拥抱在一起，一幅民族团结进步的壮美画卷正在美丽的怒江州徐徐展开。

一、民族盛开团结花

在党的民族政策的光辉照耀下，怒江州各族干部群众在这片古老与现代交融、大山与大川辉映的土地上，相知相亲相惜、交往交流交融，共建美好家园、共创美好未来。

（一）走近多彩民族

1. 傈僳族——藏在三江并流人神共居之地的古老民族

傈僳族在历史上是一个不断迁徙的民族，属于古氐羌人后裔，是一个有着悠久历史的古老民族。"栗粟两姓蛮，雷蛮、梦蛮皆在茫部（按：茫应为邛）台登城，东西散居，皆乌蛮、白蛮之种族。"这是汉文文献最早对傈僳族族名的记载。数千年前，古氐羌人居住在甘肃、青海的湟水、黄河源头，昆仑山下的洮水河边、青海湖畔。傈僳族人口29.7万人（截至2019年末），全州4个县（市）29个乡（镇）都有分布。

傈僳族有本民族语言和文字。傈僳语属汉藏语系藏缅语族彝语支，分怒江、永胜、武定三个方言，其中怒江方言的傈僳族人口最多，傈僳文有音节文字、老傈僳文、格框式拼音文字和新傈僳文四种文字，使用最广泛的是老傈僳文。傈僳族的民间音乐历史悠久，品类繁多，至今仍然保留着许多原汁原味的民族文化，妙趣横生的民间歌舞和丰富多彩的民间乐曲。

傈僳族服饰绚丽多姿、色彩斑斓、款式多样，散发着一股古朴、大方、优雅与现代的韵味和气息，富有民族特色和地域特色，从服饰上即可明显地看出傈僳族的外在标志。女子上衣为短衫、夹袄。短衫颜色大多为浅蓝色、深绿色或白色，夹袄一般为深蓝色、深红色、黑色等较深的颜色，色彩对比非常鲜明。"欧勒"是傈僳族女性喜戴的帽子之一。"欧特"，即包头、头帕。"里地"，是傈僳族妇女的颈饰，是指挂于脖颈上的一圈圈用特别精致的海螺片、珊瑚珠、珍珠、银币和玛瑙串连成各色相间的美丽珠链。"拉本"，是傈僳族妇女的胸饰。"娜课"，为傈僳族妇女的耳环。傈僳族男子服饰大同小异，普遍喜欢戴黑布或蓝布包头（欧特）。旧时男子随身携带弩弓、长刀，不仅是傈僳族男人的重要标志，也成为傈僳族男子服饰中不可或缺的重要元素。

"江沙埋情人"是怒江州福贡县一带傈僳族青年的传统节日及求偶活动，每年正月初四、初五左右举行。届时，男女青年们欢聚于怒江畔，歌舞嬉戏，还要在同伴的帮助下，在沙滩上挖出沙坑，将一对意中人抬入"埋葬"，并装出非常悲伤、痛哭流涕的样子，唱丧歌、跳丧舞。

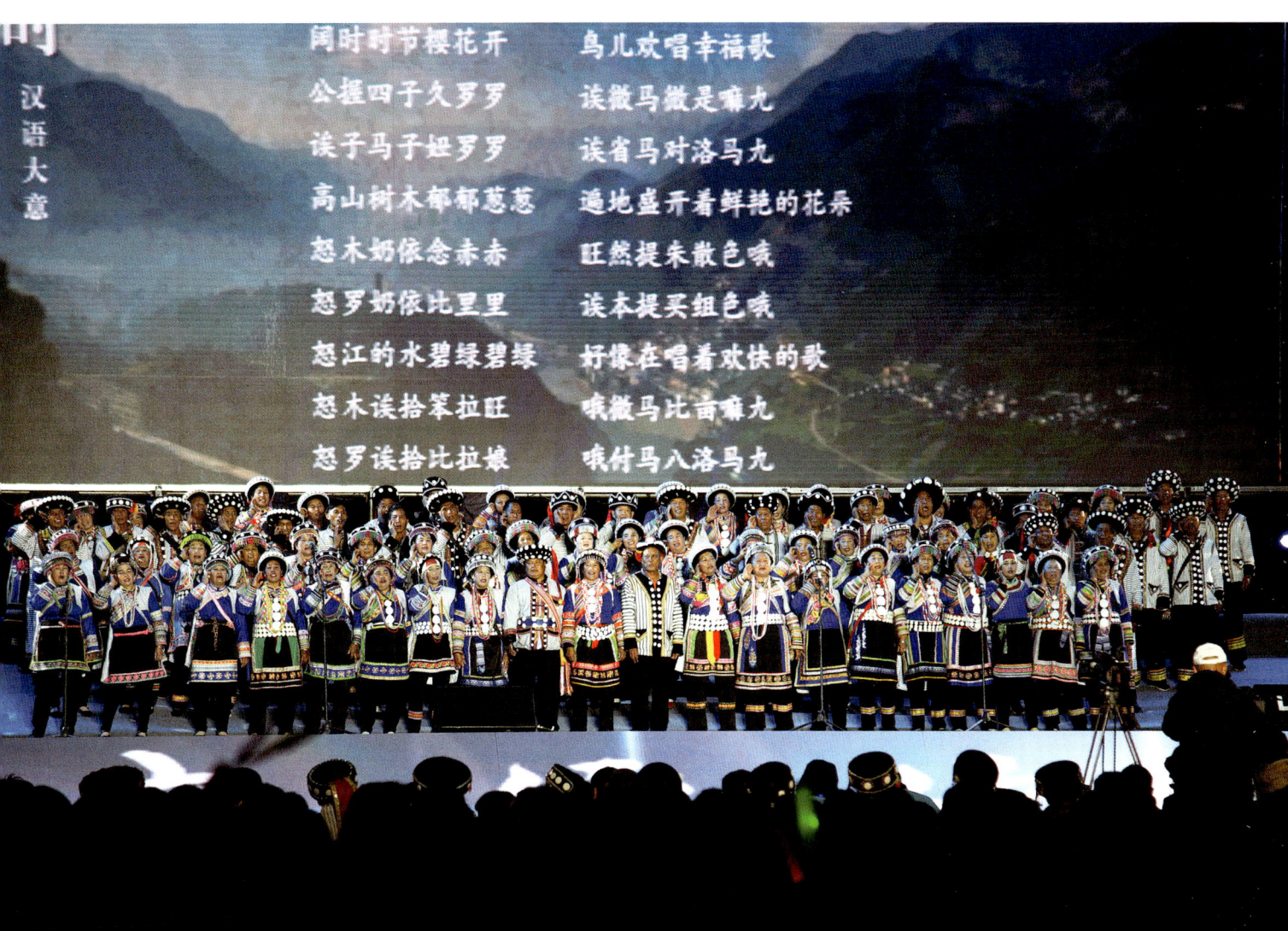

傈僳族民歌——摆时

傈僳族的传统体育活动内容丰富，形式多样，多源于生产生活，融娱乐与健身于一体。较为流行的有顶杠、荡秋千、爬刀杆、摔跤、砍竹竿、溜索竞渡、拿石头等。

傈僳族曾是云南省4个特困民族之一。党的十八大以来，怒江州始终坚持以习近平新时代中国特色社会主义思想为指导，牢记习近平总书记嘱托，坚持把深入学习贯彻习近平总书记关于扶贫工作的重要论述和对怒江州工作的重要指示批示精神摆在首位，在党中央、国务院和云南省委、省政府的坚强领导下，在国家有关部委和央企的大力支持帮助下，在社会各界的广泛参与帮扶下，2020年傈僳族聚集区贫困村达到退出标准，实现整族脱贫。

独龙族群众

独龙族放映员调式胶片电影放映机

2. 独龙族——一步跨越千年

发源于西藏自治区察隅县东南部的独龙江,在向南流入云南境内的高黎贡山与担当力卡山之间的峡谷后,又转向西进入缅甸。独龙族就聚居在这片崇山峻岭之中的独龙江两岸,在与其相邻的维西县和西藏察隅县察瓦龙乡也有少量分布。

独龙族是我国人口较少民族之一,全州独龙族人口6482人(截至2019年末)。独龙族分布在怒江州贡山县,其中,处在独龙江河谷的独龙江乡又是县内独龙族最主要的聚居区。

独龙族是属于古代氐羌系统的民族,历史上曾被称作"俅人""俅子""曲人""洛""俅帕""曲洛"等,中华人民共和国成立后,根据他们历来的自称"独龙",被正式定名为独龙族。

1949年中华人民共和国成立前夕,独龙族还过着原始社会末期的生活,一个父系家族是一个自然村落,在家族、社会范围之内迁徙、耕种。土地是大家公有的财产,以木、石、铁器作为生产工具。一把砍刀,既是生产工具,也是生活和防御工具。他们从事"刀耕火种"的原始农业生产,以采集、捕鱼、狩猎作为生活的补充手段。

独龙族的开昌瓦节

独龙语属汉藏语系藏缅语族，独龙语内部可分为两大方言，即独龙江的独龙语方言和贡山丙中洛的怒江独龙语方言。

独龙族喜爱唱歌，人们在围猎前后、砍树烧山以及收获粮食、婚丧嫁娶、入夜围在火塘边取暖时都要唱歌。独龙族的歌谣有三种："门珠"，一般由一个人独唱；"阿昌侨"，歌唱一个人的一生；"普"，唱"普"调需要围成圈跳舞，由一人领唱众人应和，歌唱动听，舞姿和谐。

开展独龙江乡独龙族妇女文明素质提升培训

独龙族拥有丰富的民间文学，有神话、传说、史诗、歌谣、民间故事、民间谚语、谜语等。神话有天地形成神话《蚂蚁分天地》，人类起源神话《嘎姆嘎沙造人》《西丹嘎彭》《木彭九和木尼干》，洪水神话《洪水滔天》等。传说有史实传说《夜袭土司府》《布里查坠江记》，人物传说《勇敢的普纳木松》，地名传说《木格当》，动植物传说《独龙族为何不种植水稻》《狗为什么常伸舌头》，风俗传说《九不郎的来历》《祭仁木达》等。

1956年10月，贡山独龙族怒族自治县成立，标志着独龙族人民开始自主管理本民族事务。自2010年开始，云南省开始在独龙江乡实施整乡推进整族帮扶安居温饱工程，迄今已完成"整乡整族脱贫致富，实现独龙江乡和独龙族经济社会跨越发展、可持续发展"的目标。独龙族村民住进新式安居房，教育、卫生、文化、旅游等社会事业全面发展，独龙江峡谷特色产业获得初步成效，民族素质得到显著提升，文明生活进入村村寨寨。2018年，独龙族率先在全国实现整族脱贫。

怒族

溜索渡江

3. 怒族——环怒江而居的民族

怒族是云南人口较少民族之一，也是一个跨境而居的民族。全州怒族人口36197人（截至2019年末），主要聚居在福贡、贡山、兰坪3个县10个乡（镇）的34个建制村231个村民小组（自然村）。

怒族自称"怒苏"（泸水）、"阿怒"（福贡）、"阿龙"（贡山）和"若柔"（兰坪）。怒族传统经济以农业为主，主要种植荞麦和玉米，粮食作物品种比较单一。怒族民间大都栽种漆树和黄连等经济作物，也从事织红纹麻布、编竹器、做木器、烧制陶器和酿酒等家庭手工业。

怒族使用怒语，属汉藏语系藏缅语族，没有本民族文字，现在大都使用汉文。

由于怒族的支系不同，居住地域有别，他们所接触的文化也不同，怒族的服饰异彩纷呈、各具特色。依据居住地域和着装的款式特点，怒族服饰分为贡山怒族服饰、福贡怒族服饰和兰坪怒族服饰三大类型。每种类型又有童装、青年装、中老年装、日常装、节日盛装、婚礼装等之分。传统上，怒族制作服饰主要以麻为原料，人们通常使用腰织机织出麻布匹，再以麻布缝制成贴身衣物。怒族妇女织的麻布，均以白色为纬线，以红色、蓝色、黑色、黄色作经线，从而形成对比度较强但又能够统一和谐的色彩纹路。如今，怒族妇女在传统的麻纺工艺基础上，大量掺入了棉线、毛线及腈纶等现代化纤织物，织出的怒毯色彩更为绚丽多姿。

福贡怒族搓麻绳

怒族的民间文学包括神话传说、故事、诗歌、童话、寓言和谚语等,其中以诗歌和故事较为突出,神话传说也占有一定比例。诗歌大都即兴编唱,具有浓厚的生活气息和民族特点。

怒族民歌大多有宗教的内涵和功能,一般多在祭祀活动中诵唱。这些祭祀活动包括耕猎祭祀、年节祭祀、婚庆祭祀、盖屋祭祀、丧葬祭祀等。

怒族有以竞技游乐为主的传统体育项目,内容非常丰富,不仅有射弩、溜索渡江、斗角、摔跤、划猪槽船等传统竞赛项目,还传承沿袭着打竹筒"电话"、打核桃、打棉球、跳虎背、双手走路、"日姆逗"猜卦、玩竹管水枪和"趴趴枪"等众多娱乐项目。

通过"扶持人口较少民族"等政策的帮扶,2020年怒族实现整族脱贫,怒族聚居区呈现出生产发展、生活提高、生态改善、民族团结、社会和谐、文明进步的良好局面。

普米族

4. 普米族——吟唱"哩哩"、跳起"搓蹉"

普米族是我国具有悠久历史和古老文化的民族之一。普米族自称"普日米""普因米""培米",在普米语中,"普""培"都是"白"的意思,而"米"意为"人"。所以各地称呼略有不同,但含义皆为"白人",也含有"纯洁高尚的人"之意。1960年,根据本民族意愿,采用"普米"作为统一的民族名称。

根据2010年全国第六次人口普查,普米族总人口为42861人。普米族源出青藏高原,后经漫长的迁徙历史,最终主要居住在云南省西北部高原的兰坪县和宁蒗县。

普米族舞蹈

普米族民间艺术中最具代表性的是"搓蹉"（舞蹈），普米语中的"搓蹉"，直译为"舞跳"之意，也即"跳舞"，属自娱性、交际性的舞蹈。

"哩哩"为普米语，与汉语中的"歌"意思相近，在作动词时指"歌唱"。"哩哩"反映了古老的社会形态、传统的礼俗美德，反映普米人游牧、耕种、狩猎、纺织等生产场景，在婚礼、葬礼以及吾昔节、端阳节等一些节日中吟唱，是最具普米族风格的一种歌谣形式。

在普米族的传统文化中，吾昔节、清明节、端阳节、中元节等节日具有重要的意义，既体现出普米人对自然节律的认知和适应，也蕴含着普米人的宗教信仰观念和社会伦理意识。

近年来，通过持续不断的帮扶，怒江州普米族聚集区的"两不愁三保障"及基础设施短板等问题得到解决，在2019年普米族实现了整族脱贫。

（二）民族团结进步创建

近年来，在怒江州委州政府的坚强领导下，在各级各部门的共同努力下，全州紧紧围绕创建工作根本方向、根本途径和总目标，扎实推进民族团结进步创建工作，不断巩固和发展平等、团结、互助、和谐的社会主义民族关系，努力实现脱贫攻坚与创建全国民族团结进步示范州工作双融合双推进双达标。2019年，怒江州委专题召开第八届第七次全会，审议通过《中共怒江州委关于在脱贫攻坚中推动全国民族团结进步示范州创建工作的决定》，先后出台了一系列具有创新精神的制度和机制，形成党委牵头、政府推动、多方参与、层层落实、协调推进的工作格局，自觉扛起云南省建设我国民族团结进步示范区的怒江州责任。2020年，怒江州依法修订了《怒江傈僳族自治州自治条例》，把"铸牢中华民族共同体意识"正式写入了自治条例。2021年1月，国家民委命名怒江州为"全国民族团

中国共产党怒江傈僳族自治州第八届委员会第七次全体会议

结进步示范州",命名怒江州、怒江州兰坪县为第八批全国民族团结进步示范区示范单位。党的民族区域自治制度在边疆民族地区的成功实践,为推进边疆民族地区国家治理体系和治理能力现代化进程、铸牢中华民族共同体意识夯实了坚实的政治基础。

党的领导是谋篇布局的"主心骨"。怒江州委、州政府坚定不移走中国特色解决民族问题的正确道路,坚持以习近平总书记重要批示指示精神引领创建工作全局,自觉扛起建设民族团结进步示范区的责任。怒江州先后出台了一系列具有"首创精神"的制度和机制,形成党委牵头、政府推动、多方参与、层层落实、协调推进的工作格局,推动和保障民族团结进步创建工作全面深入持久开展。

民族团结进步创建之进社区——少数民族群众为新家点赞

把"精准滴灌"的教育方式作为铸牢中华民族共同体意识的"总抓手"。怒江州将每年8月定为"民族团结进步宣传月",聚焦干部、青少年、知识分子、信教群众等群体,采取"精准滴灌"的教育方式增强"五个认同"。大力推进"互联网+民族团结"行动,利用报刊、电视、广播、互联网等宣传媒介,多渠道、全方位讲好民族团结故事、唱好民族团结之歌、传播民族团结正能量。全面深入持久开展民族团结进步示范创建"进机关、进企业、进社区、进乡镇、进学校、进宗教活动场所、进军(警)营、进口岸(边检)、进医院、进家庭"等十进活动。在易地扶贫搬迁集中安置点建设村史馆,留住乡愁记忆,有效拓展感恩教育的渠道和载体。

民族团结进步创建活动之进医院——开展义诊及民族团结政策宣传现场

民族团结进步创建活动之进企业——兰坪县金利酒业生产车间

民族团结进步创建活动之进学校——爱祖国、唱红歌

民族团结进步创建活动之进军（警）营——州公安局开展民族团结进步街面宣传

民族团结进步创建之进乡镇：民族团结进步创建示范乡镇，兰坪县通甸镇草莓基地

调新鲜蔬果驰援湖北咸宁

走村入户开展疫情防控工作

流动"小喇叭"通过用普通话、方言宣传"抗疫"

把防控疫情作为检验民族团结进步创建活动成效的"试金石"。在抗击新冠肺炎疫情中，全州各族干部群众心往一处想、劲往一处使，从广大党员干部、医护工作者主动请战、勇挑重担，到各条战线日均3000余人参与联防联控，再到从多方筹集162吨蔬菜驰援湖北咸宁、集中转运5430名务工人员助力复工复产。怒江州"零确诊"的背后，是"一方有难、八方支援"血肉深情的生动写照，彰显了中华民族共同体"你中有我、我中有你、谁也离不开谁"的强大凝聚力和向心力。

在民族团结进步创建工作中，怒江州探索形成了更加鲜活的"怒江经验"。一是夯实底色。怒江州委第八届第七次全会作出《中共怒江州委关于在脱贫攻坚中推动全国民族团结进步示范州创建工作的决定》，提出创建工作与决战脱贫攻坚这一中心任务双融合双推进双达标的总体部署，这是怒江州创建全国民族团结进步示范州最亮丽、最根本的底色。二是突出本色。怒江州民族众多，大杂居、小聚居，共同分布在漫长的边境线上，民族团结有着悠久的历史传统、浓厚的社会氛围、深厚的文化积淀。在创建工作中，不断增强"两个维护""三个离不开""四个自信""五个认同"，不断铸牢中华民族共同体意识。三是彰显红色。加大红色教育基地建设，将片马抗英斗争、滇西抗战、边疆人民心向党"感恩共产党、感谢总书记"等红色基因赋予新的时代内涵和表现形式，推动创造性转化、创新性发展，从而使红色基因永葆活力、彰显影响力、传播正能量。四是留住绿色。怒江州委第八届第五次全会作出《中共怒江州委关于在脱贫攻坚中保护好绿水青山的决定》，聘用生态护林员3万多人，大力发展绿色产业，持续推进"怒江花谷"生态建设，实施"治伤疤、保生态、防返贫"生态建设巩固脱贫成果行动，绘就天蓝、地绿、水清的幸福美丽新怒江。五是打造亮色。大力宣扬高德荣、邓前堆、吉思妞、彭鑫亮、管延萍等先进模范事迹，坚持典型引路，示范引领，不断积聚起感恩奋进、砥砺前行的强大力量。六是增添喜色。始终坚持以人民为中心的发展思想，突出基层，服务民生，让群众切身感受基础设施变化、产业发展成就、民生改善成果，以群众认可度、满意度评价民族团结进步创建成效，营造了处处创建、人人创建的浓厚氛围。七是确保成色。坚持不搞形式主义、不弄虚作假、不搞"数字创建"，坚持真枪实弹搞创建、扎扎实实抓创建，确保创建工作质量高、成色足、成效显。八是提炼特色。始终牢记习近平总书记殷殷嘱托，确立"建设好家乡、守护好边疆"的创建工作主题，在决胜脱贫攻坚、生态建设等方面争当示范，独龙族率先实现整族脱贫，保障了创建工作有抓手、有载体、有实效。九是添加暖色。"三位一体"社会扶贫大格局下集团帮扶、东西部扶贫协作等爱心帮扶深入人心，驰援湖北咸宁162吨爱心蔬菜、香料等，建立扶贫暖心基金，关爱一线扶贫干部，确保创建工作有温度、有温情，让各族群众充分感受中华民族一家亲的温暖。十是消除杂色。强化隐患排查，加强综治维稳，及时发现、处置、消除影响民族团结进步创建的各类安全隐患、杂色，坚持依法治理民族事务，创新推进民族工作领域治理体系和治理能力现代化。

兰坪县开展民族团结进步创建活动

怒江州启动"民族团结进步宣传月"活动仪式

开展道德与法暨民族团结宣传教育活动

各族少年接受爱国主义教育

二、各族儿女一家亲

全州各民族手足相亲、守望相助，在分布上交错杂居、文化上兼收并蓄、经济上相互依存、情感上相互亲近，形成了你中有我、我中有你的多元一体格局。

（一）把促进交往交流交融作为增进感情的"催化剂"

促进各民族交往交流交融是铸牢中华民族共同体意识的根本途径。怒江州通过实施10万人易地搬迁进城入镇集中安置，让来自不同乡镇村、不同民族的移民共居一个小区、楼层、单元，同社区共单元、同学校共班级、同机关共处室、同企业共班组成为生活常态，一个家庭有多个民族在怒江州比比皆是，各族群众相扶相助、和谐共处，形成共居共事共乐、交往交流交融的互嵌式和谐社区。怒江州鼓励各族群众在州内外、城市间双向流动，构建流出地和流入地对接协作工作格局。推广珠海"怒江员工之家"工作模式，积极帮助外出务工少数民族群众适应城市生活，更好融入城市社会。

多民族其乐融融

怒江各族人民永远跟党走

（二）把增进文化认同作为构建共有精神家园的"凝合剂"

近年来，怒江州注重把中华优秀传统文化融入到课堂教育、道德建设、文化创造和生产生活中，大力弘扬社会主义核心价值观。怒江州大力推广普及国家通用语言文字，开展"小手拉大手"说好普通话活动，完成了40596人的"直过民族"和人口较少民族群众普通话培训，创建了113个"普及普通话示范村"，4县（市）顺利完成国家三类城市语言文字规范化达标建设；大力实施"百名民族民间传统文化突出人才""百项少数民族文化精品"工程，"各美其美、美人之美、美美与共、天下大同"的民族文化发展观成为各族干部群众共同的价值追求。

中国舞蹈"荷花奖"获奖节目《母亲河》剧照

《傈僳人》剧照

兰坪县城区二小学生接受传统文化教育

"民族团结"舞

中华民族一家亲，同心共筑中国梦

三、直过民族和人口较少民族换新颜

直过民族和人口较少民族是怒江州脱贫攻坚工作中的难中之难，坚中之坚。怒江州在全国开创的"整乡推进整族帮扶"，为直过民族和人口较少民族精准扶贫提供了实践样本。全州直过民族和人口较少民族人均可支配收入增幅高于全省平均水平，基本公共服务能力全面提升，直过民族和人口较少民族的生产生活条件发生了翻天覆地的变化。2020年，怒江州直过民族和人口较少民族历史性告别绝对贫困，实现整族脱贫。

（一）三峡集团精准帮扶怒江州怒族、普米族

三峡集团自2016年定点帮扶怒江州以来，累计投入帮扶资金8.9亿元，精准帮扶福贡、贡山、兰坪3个县、15个乡（镇）、56个村的怒族、普米族聚居区0.87万户2.85万贫困人口。大力实施六大工程，各项帮扶工作取得突破性进展和明显成效，有力助推怒江州打赢深度贫困脱贫攻坚战。

通过4年持续不断的帮扶，解决了怒族、普米族聚集区突出的"两不愁三保障"及基础设施短板，贫困群众住房条件明显改善、收入有了明显提高，贫困村基础设施极大提升，怒江州普米族聚集区在2019年实现了整族脱贫。经动态监测，截至2020年，全州怒族聚集区建档立卡贫困人口全部实现"两不愁三保障"，怒族聚集区贫困村达到退出标准，实现脱贫摘帽。三峡集团帮扶怒族、普米族脱贫攻坚工作取得了从"突破性进展"向"历史性变化"的蜕变，形成"怒江每天都在变化，每时都在进步"的脱贫攻坚成效，一条条村组新路绵延铺设，一片片"人畜混居"脏乱村庄变成一座座美丽宜居的峡谷新村，"相隔千里"零星居住变成一个个美丽和谐的"幸福小区"，村庄环境干净整洁有序，怒江州天更蓝、山更绿、水更清、空气更洁净，成为世界级的养心天堂、康养之地，增强了怒族、普米族群众的获得感、幸福感和自豪感。

（二）大唐集团精准帮扶怒江州傈僳族

过去的怒江傈僳族聚居区住房差、饮水难、上学难、就医难、出行难。县、乡、村公路等级低，农村路网晴通雨堵；城乡教育发展不均衡，各类教育发展不

协调；农村医疗基础条件差；社会公共服务、农村文化体育设施严重缺乏。近5万农户处于"人畜混居"的状态，住在以"竹篱为墙、柴扉为门、茅草为顶、千脚落地"的简陋房屋里，室内没有任何像样的家具。

大唐集团自2016年定点帮扶怒江州以来，认真贯彻落实习近平总书记关于扶贫工作的重要论述，积极响应党中央、国务院号召，认真履行央企的政治责任、社会责任；始终把帮扶怒江州作为一项重要的政治任务，高度重视，狠抓落实，切实用真情开展帮扶工作，用真心帮助怒江州发展，用真爱关怀贫困群众，累计投入帮扶资金6.7亿元，精准帮扶泸水、福贡、兰坪3个县（市）、18个乡（镇）、102个村的傈僳族聚居区，帮扶建档立卡傈僳族贫困人口4.3万户17万人。

大唐集团通过4年持续不断的帮扶，解决了傈僳族聚集区突出的"两不愁三保障"及基础设施短板。经动态监测，截至2020年，全州傈僳族聚集区建档立卡贫困人口全部实现"两不愁三保障"，傈僳族聚集区贫困村达到退出标准，如期实现脱贫摘帽。聚居区各项社会生活条件发生了喜人变化：一是安居住房的变化。傈僳族聚居区由过去的"千脚落地，四面透风"变成如今的"安全稳固，极具特色"。一幢幢新房拔地而起，一个个新村日趋成型，在实现"危房不住人，住人无危房"基础上，极具传统民居的"风景房"、民族特色的"旅游村寨"正悄无声息呈现在世人面前。二是生产生活方式的变化。傈僳族聚居区由过去的"刀耕火种，广种薄收"变成如今的"特色鲜明、规模发展"。怒江草果、峡谷蜂蜜等绿色食品品牌效应逐渐形成，生产理念由"毁林开荒求生存"到"绿色发展求生态"的华丽转变。三是教育卫生的变化。傈僳族聚居区由过去的"缺师少教，缺医少药"变成如今的"学有所教，病有所医"。3县（市）全面通过义务教育基本均衡发展国家督导评估认定。傈僳族聚居区乡镇卫生院、行政村卫生室、社区卫生服务中心都建成标准化。四是公共服务的变化。傈僳族聚居区由过去的"简陋落后，供给短缺"变成如今的"基本健全，满足保障"。五是贫困群众精神面貌的变化。傈僳族聚居区由过去的"多因致贫，争当贫困"变成如今的"自强自立，不甘落后"。边疆人民心向党、听党话、跟党走、感党恩的信念更加坚定，贫困群众在摆脱物质贫困的同时也摆脱了思想、精神贫困，形成文明健康、自强自立的社会新风。

傈家新寨

大兴地镇卯照村2019年"直过民族"和人口较少民族群众普通话培训

独龙族群众祝福祖国70年华诞

怒族

普米族

独龙族

普米族和景颇族

普米族歌唱家茸芭莘那

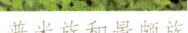
普米族舞

开心的傈僳族少女

自然人文篇

大江——怒从天降，惊涛裂岸震八荒。怒江州，因怒江纵贯全境而驰名。在这里"水无不怒石，山有欲飞峰"，狂涛巨澜不羁不挽，苍穹高山不移不坠，造就了神奇美丽的怒江大峡谷。怒江大峡谷正因山的奇、水的秀，保全了不染尘埃的脱世天境。神秘幽远、和谐安详，在这个世人未识的深闺，孕育着多姿多彩的民族文化和自然风光。

一、自然资源富饶优渥

怒江州地处我国西南边境的云南省西北部，境内群山耸立、江河纵横，自东向西横断排列为云岭、澜沧江、碧罗雪山、怒江、高黎贡山、独龙江、担当力卡山，呈"四山夹三江"的典型高山峡谷地貌。山多、山大、山陡，大江大河奔流是这里典型的地质地貌特征。特殊的地理环境和气候条件孕育了丰富的生物资源与水能矿产资源。

（一）动植物资源独特

怒江州生物资源丰富独特，生物种类繁多，列入国家保护的动植物有 1500 多种。辖区内有大面积保存完整的原始森林分布，植被类型、物种丰富度和特有化程度居世界大陆区系首位，被誉为哺乳动物的分化中心、东亚植物区系的摇篮和重要模式标本产地，是世界上生物多样性保护的关键地区，拥有云南省面积最大的国家级自然保护区，同时也是三江并流世界自然遗产地的核心区，是我国西南生态安全屏障的前沿和载体，被誉为"植物王国上的明珠"和"天然的植物基因库"。

1. 野生动物资源丰富

怒江州野生动物丰富，有哺乳类 8 目 25 科 74 属 106 种，占中国哺乳类总数的 18%、云南哺乳类总数的 35%。其中珍稀濒危陆生野生动物物种十分丰富，分布有国家 Ⅰ 级保护动物 20 种，国家 Ⅱ 级保护动物 47 种，省级保护动物 5 种。主要有熊猴、戴帽叶猴、云豹、金钱豹、羚牛、贡山麂、小熊猫、四川雉鹑、红胸角雉、灰腹角雉、白尾梢虹雉等。

怒江金丝猴

白尾梢虹雉

怒江金丝猴：隶属于灵长目猴科疣猴亚科仰鼻猴属。该物种与其他仰鼻猴一样具有朝天的鼻孔，但具有独特的毛发颜色，周身覆黑色毛发，只有耳部、下颌胡须和会阴部有白色毛发。2012年，在怒江州片马镇发现存在一个数量约为100只种群的怒江金丝猴；2015年在高黎贡山东坡发现新的、数量约80只的怒江金丝猴种群。其分布于高黎贡山泸水境内海拔1700—3300米的阔叶林、竹林和针阔混交林，福贡匹河也有可能分布。怒江金丝猴以植物果实、嫩叶为食，可树栖，也可到地面活动、饮水。冬季下迁到低海拔区域生活。

白尾梢虹雉：隶属鸡形目雉科虹雉属，因雌雄鸟尾部均具有白色端斑而得名，是国家Ⅰ级重点保护鸟类。2011年，在高黎贡山泸水境内发现有白尾梢虹雉新的分布点，且种群数量良好，首次获得白尾梢虹雉云南亚种的野外清晰照片。2014—2015年，在云南省林业厅的资助下，泸水管护局和西南林业大学共同对建立白尾梢虹雉就地保护体系进行了探索，在高黎贡山南段对其分布、食性、繁殖、越冬、栖息地选择等各方面的研究工作全面开展，获得了大量的第一手生物学资料。据专家估计，全州分布有白尾梢虹雉1000多只，截至2020年，泸水布点监测发现30只，贡山布点监测发现4只。

戴帽叶猴：隶属灵长目猴科疣猴亚科乌叶猴属，分布于怒江州独龙江流域，主要生活在中、低海拔的常绿或半常绿森林中。由于分布区狭窄，且面临捕猎和

戴帽叶猴

红鬣羚

高黎贡羚牛

栖息地丧失的压力，戴帽叶猴的种群数量在近40年内急剧下降。在怒江州戴帽叶猴现有数量约为230—380只，属于国家Ⅰ级重点保护野生动物。

高黎贡羚牛：是高黎贡山代表物种之一，分布于中国、缅甸、印度和不丹等国。羚牛现存4个亚种，生活在高黎贡山的羚牛属于指名亚种。世界上现存的羚牛数量在12300—14600只之间，其中指名亚种约3500只，而现在生活在高黎贡山的羚牛只有300只左右。

2. 野生植物种类繁多

据不完全统计，全州已知高等植物有210科1086属4303种，其中被国家列为重点保护的珍稀植物有60多种，省级保护植物30多种；野生药材1200多种，竹种10属50种，花卉250多种。国家重点一级保护野生植物有光叶珙桐、喜马拉雅红豆杉、云南红豆杉、长蕊木兰等4种；国家重点Ⅱ级保护野生植物有桫椤、秃杉、贡山三尖杉等20种。省级保护植物有红豆杉、云南榧、华榛等30种。2019年发现珍稀国家Ⅱ级保护植物、世界濒危植物滇桐。

滇桐：泸水保护区工作人员在巡护过程中，在1400—1700米的海拔带发现一棵他们并不知名的、开满粉白色花、树干挺拔粗壮的高大乔木。且在附近陆续发现该树种，共有17棵。后经专家鉴定该树种为滇桐，属于濒危植物，具有极高的保护价值。截至2020年，这是国内自然保护区中发现的现存最大的野生滇桐种群。

光叶珙桐：别名水梨子、鸽子树、鸽子花树，是双子叶植物，属珙桐科，珙桐属。落叶乔木；叶互生，单叶，全缘或有齿缺，无托叶；花两性或单性，排成顶生或腋生的头状花序为伞房状或伞形状的聚伞花序，萼小。两性花位于花序的顶端，雄花环绕于其周围，雄花无花萼及花瓣，紫色。果实为长卵圆形核果，紫绿色具黄色斑点。分布在高黎贡山国家级自然保护区贡山段，为保存完好的成片光叶珙桐林。

杏黄兜兰：是兰科兜兰属的地生或半附生植物，属于国家Ⅰ级保护植物。杏黄兜兰花大色雅，含苞时呈青绿色，初开为绿黄色，全开时为杏黄色，花期长达40—50天，罕见的杏黄花色填补了兜兰中黄色花系的空白，具有较高的观赏价值。

光叶珙桐

贡山棕

秃杉

红豆杉

高海拔寒温性竹林、草甸

独龙江

（二）水能资源富集

怒江州水能资源极为丰富，境内有怒江、澜沧江、独龙江三大干流，流域面积大于 500 平方千米以上的河流有 6 条，即怒江、澜沧江、独龙江、老窝河、沘江、通甸河；流域面积大于 100 平方千米以上的河流 37 条；全州纳入河（湖）长制管理的河流 292 条 3815 千米、湖泊 3 个、水库 11 个、灌溉渠道 100 条。水资源总量达 956 亿立方米，占云南省水资源总量的 43%，水能资源蕴藏量达 2132 万千瓦，占云南省水能资源蕴藏量的 20%，可开发装机量 1800 万千瓦，年发电可达 850 亿千瓦时，占云南省的 19%。截至 2019 年 9 月，全州已建成干流水电项目 2 个，分别是澜沧江干流上的黄登水电站和大华水电站，总装机 282 万千瓦；有在网运行中小水电站 96 座装机 149 万千瓦，在建 9 座装机 23.54 万千瓦。

夏季独龙江

高山湿地神田

怒江畔

（三）矿产资源丰厚

怒江州有极其丰富的矿产资源，有亚洲最大的铅锌矿床，铅锌、铜、大理石等矿产种类多、储量大、品位高，极具开发利用价值。

1. 矿产资源概况

怒江州地处著名的西南"三江"有色金属成矿带中段，成矿条件有利，矿产资源丰富，资源储量大，优势矿种产地集中，为全州经济社会可持续发展提供了坚实的保障。州内有色金属、贵金属及非金属矿产资源十分丰富，经过数十年的地勘工作，查明了兰坪金顶铅锌矿、金满铜矿、河西锶矿、菜子地铅锌矿、石缸河锡钨矿等一批大中小型矿床，获得了一批数量大、质量好的资源储量。截至2019年底，全州共有22种矿产查明资源储量列入《云南省矿产资源储量简表》，上表矿产地（矿区）124处，按矿床规模分：大型矿区2处、中型矿区16处、小型矿区106处。主要矿产保有资源储量：铜29.13万吨、铅219.1万吨、锌748.64万吨、银2547.98吨、锶449.86万吨、铊11237.15吨、镉111041.53吨、三氧化钨34758吨、锡47626.3吨、重晶石102.90万吨、硫铁矿243.25万吨、石膏28696.2万吨、饰面用大理岩887.06万立方米、水泥用灰岩3904.5万吨、云母747吨、硅矿703.27万吨。

2. 矿产资源分布特征

怒江州已发现的矿产资源具有矿种多样性、资源丰富性、分布广泛性的特征。有色金属矿产资源十分丰富，特别是铅锌矿产在全省甚至全国都占有突出地位。集中分布于兰坪县金顶一带，是我国最重要的"三江"银铅锌铜多金属矿产富集区之一；具有云南省唯一的锶矿资源，弥补了云南省稀有金属矿产查明资源储量的不足。镉矿、云母、重晶石、硫铁矿、石膏等非金属矿产探明资源储量在全州占有突出位置，大理岩、硅石等有一定找矿潜力；已查明的大中型矿床相对集中，品位较富、埋藏较浅、好采易选，利于整体、规模开发建设。有色金属矿床中，共伴生的镉、铊、银、锶等矿产资源，规模巨大，易分离易提取，经济价值高，综合利用潜力大；矿产资源分布不均衡，澜沧江两岸以铜矿为主，怒江河谷沿岸以硅石、大理岩等非金属矿产为主，但全州地质勘查程度总体偏低，除少数有色金属及大理岩矿床达到详查以上程度外，其余多数仅达预查、普查阶段。近年来

兰坪县凤凰山铅锌矿

的地质勘查，铁矿找矿获得较大突破，具较大找矿潜力的铜、铅、锌、铁等后备勘查基地缺乏；水力资源丰富，可弥补能源矿产的不足，促进矿电结合特色产业的发展。

3. 矿产资源开发利用情况

在历届州委、州政府的高度重视下，怒江州矿业开发取得了显著成效，矿业经济实现了由小规模的盲目无序开发到规模化、规范化的转变，实现了由弱到强的巨变，矿业成为全州一大支柱产业，在全州国民经济中占有重要地位，有效拉动了水电、运输、冶炼加工等相关产业的快速发展，有力推动了全州经济社会的发展进程。

高黎贡山之春

二、旅游资源独具魅力

怒江州拥有"三江并流"世界自然遗产、国家级风景名胜区、高黎贡山国家级自然保护区、中国最美大峡谷等多项桂冠,享有"自然地貌博物馆""生物物种基因库""民族文化大观园"等诸多美誉,自然和人文旅游资源都十分丰富。既有雄奇险秀的高山峡谷,又有独特古老的民族风情,二者融为一体,交相辉映,相得益彰,组成一幅幅绝美的峡谷山水风情画卷,形成了有别于其他地区的、开发潜力巨大的世界级旅游资源,是云南省旅游资源的"王牌"。

（一）自然景观奇特

怒江州地处欧亚板块和印度板块的接合部，青藏高原南延的横断山脉中段，在喜马拉雅山地壳运动中形成了世界上少有的高山峡谷地貌。担当力卡山、高黎贡山、碧罗雪山、云岭山脉4座大山南北逶迤，东西对峙，雄踞怒江州全境；独龙江、怒江、澜沧江以排山倒海之势由北向南并流于4座大山之间奔腾南下；独龙江、怒江、澜沧江3条大峡谷隔山守望，南北绵延，纵贯州境，形成境内大山、大江、大峡谷相拥相依、并列并流的大美奇观。怒江州境内海拔在4000米以上的山峰有20余座，最高峰为嘎娃嘎普峰，大自然的神奇造化，赋予了怒江无限的宝藏、风光和风情；有峡谷奇观"石月亮"、怒江第一湾、独龙江秘境、人神共居丙中洛、兰坪罗古箐丹霞地貌等神奇瑰丽的自然景观。

垭口风光

峡谷雾海

独龙江

独龙江峡谷

听命湖

仙人指

兰坪大羊场

兰坪大羊场

木棉花的春天

月亮瀑布

石月亮景区

石月亮景区

石月亮景区距离福贡县城 32 千米，在海拔 3360 米的山峰上，是一个天然大理岩溶蚀而成的深洞，洞体穿透整个山体。深洞呈现椭圆形，上下高约 60 米，宽 30 米，深 12 米，洞前有一颗约 20 米高的干枯云杉树。从远处眺望恰似一轮明月高高悬挂于山林峰海之中，与天空连接为一体，群峰簇拥，形成一个集宏大、奇异神秘、秀丽为一体的怒江大峡谷地质奇观，由此被傈僳族称为"亚哈吧"，意为石月亮。在傈僳族和怒族人中，有许多关于石月亮的神秘的传说，给它蒙上了一层神秘的面纱。

石月亮景区由 30 多个主要景点组成，站在风景区的巴金山垭口、天椅、玛格约山顶，便可体会到"会当凌绝顶，一览众山小"的感受，可以领略到山峦重叠、沟壑纵横、岭高谷深、雄伟壮观的怒江大峡谷风光，可以体会到集黄山之神

峡谷奇观石月亮

韵、华山之险峻、泰山之烟云、雁荡山之巧石为一体的地质地貌奇观。石月亮景区的主峰卧虎峰海拔约4000米，突起于群峰之上，巍峨挺拔，神形惟妙惟肖，犹如一只猛虎由南向北侧卧于山顶，遥望着青藏高原的唐古拉山。而万丈崖则山体倚天拔地而起，从崖顶往下望去，深不可测，令人毛骨悚然。在石月亮山峰上观云是一种奢侈的享受，只见那云海凝聚于山涧峡谷之中，似大海波涛翻滚，忽隐忽现，变幻万千，犹如置身于月宫仙境之中，仿佛正在与嫦娥仙子遨游天际。石月亮景区周围均有奇峰危岩，在千峰万壑之间流淌着山涧小溪，汇聚成一条名叫巴金河的河流注入怒江。石月亮景区有着数不胜数的飞流瀑布、珍禽异兽、奇花异草，生机盎然，神采奕奕。旭日东升之际，一轮鲜红的太阳从碧罗雪山露出笑脸，光芒照射在怒江大峡谷上，群峰突起，沟壑凹凸，沟谷纵横，层层叠叠，大峡谷的轮廓在晨曦中逐渐退去神秘的面纱，展现在眼前的是一幅"江山如此多娇"的彩色画卷。当夕阳西照之际，高黎贡山上的"石月亮"便徐徐升起，迎着晚霞奔向无垠的夜空，恰似悬挂在天空中的一轮明月。文人留词：皎皎碧罗雪，萧萧贡山秋。明月伴石月，万古照江流。

石月亮酒店

峡谷明珠——六库

六库旅游区

六库是怒江傈僳族自治州州府所在地,是进入怒江大峡谷的南大门,是怒江州的政治、经济、文化、商业中心。这里海拔800多米,长夏无冬,年平均气温21℃,是一个具有亚热带风光的地方。

六库,方言有"下扣捕鹿""地下龙潭""六个宝库"之意,是"鹿扣""罗

苦""六库"的谐音。相传六库周围有六座山峰,都有数不尽的宝藏,地下有许多龙潭,是珍禽异兽居住的地方。过去土司曾常在这里下扣捕鹿,渐渐地,人们就把这里叫做"六库"。主要景点有怒江大桥、古木棉、土司衙门、大佛寺、玛布温泉等。

老虎跳峡

老虎跳峡：距六库 50 千米，海拔为 1150 米，峡长 10 千米，最狭窄处为 10 米，落差为 20 米，傈僳语称为"腊跨洛"和"腊玛登培"，即老虎跳峡谷之意。峡谷两岸峰峦重叠，峭壁如削，江中怪石林立，虎跳石为一块 2 米见方的巨石，横卧在江心，江水从巨石两侧跌落而下，水流湍急，流花飞溅，震耳欲聋，轰鸣声响彻云霄。此处被视为傈僳族的虎氏族发源地。

飞来石

飞来石：距六库 90 千米，海拔 1300 米，位于怒江东岸匹河民族中学院内，重约 500 余吨，高 3 米多，直径 2 米多。1983 年 3 月 19 日凌晨 2 点 30 分，一阵天崩地裂的巨响，一颗巨石从天而降，立于福贡县匹河民族中学教师宿舍的 40 余平方米小庭院内，不偏不倚恰在中间，仅损坏了北面房子屋檐一角，岩体紧靠墙面，实在是有惊无险。当时睡在宿舍里的十几位教师毫发无损。第二天早上，人们到处寻找巨石如何滚落到此的痕迹，但找遍了碧罗雪山和高黎贡山两岸，均无所获。推测是怒江东岸山体崩落，而当地老百姓则讲述着其种种神奇的传说。

山间花香引客来

花谷怒江

（二）生态旅游融合发展

怒江州践行云南省委、省政府关于大滇西旅游环线战略部署，打造大滇西旅游环线最璀璨的明珠，打响"峡谷怒江、养心天堂"世界旅游品牌；创新"旅游围绕生态布局、森林联合旅游保育、水域依托旅游做活、康养融入旅游做旺"的生态旅游融合发展模式，持续推动生态旅游景区建设以及自驾徒步、科考研学、康养休闲等新产品新业态培育；持续推进泸水、福贡、贡山、兰坪4个美丽县城建设，把全州作为一个旅游景区，统筹布局，全域发展；着力推进丙中洛特色小镇、独龙风情小镇、傈僳风情小镇等建设，打造集旅游服务、文化体验、商贸流通、游客集散和商品加工等为一体的特色旅游集镇。

贡当神山半山酒店

旅游示范户

旅游示范户

鲁掌镇

水墨山村

丙中洛第一湾

丙中洛民族风情旅游区

丙中洛，藏语意为"藏族居住的地方"，傈僳语意为"世外桃源"。丙中洛位于怒江州贡山县最北部，距县城茨开镇42千米，海拔1750米，总面积为16.95平方千米，北面毗邻西藏地区的察隅县，东连迪庆藏族自治州德钦县，西接独龙江，南连贡山县城。丙中洛是"怒江大峡谷生态人类文化园"的核心区，是"三江并流"国家级风景名胜区的重要组成部分，是二战时期印度至中国"驼峰航线"必经之地、怒江大峡谷与滇中—滇西的"旅游走廊"、西藏和云南旅游黄金线路的连接点、"三江并流"腹地中罕见的冲击坝，也是怒江大峡谷中罕见的开阔地。

丙中洛是一个多元民族文化、多种宗教并存的地方。这里以民族风情特异、居

春天的丙中洛

丙中洛

民建筑风格独特、无任何污染、山林植被覆盖率较高、空气纯洁度最高、田园风光景色较美而闻名于世。丙中洛地形北高南低，四面环山，传说有十大神山守护，东面有碧罗雪山，西面有高黎贡山，南为巩坦神山，北为石门雄关，南北遥相呼应，恰似一对"相约无期"的恋人。丙中洛坝由念瓦洛河和格马洛河分割为三大块，呈现扇形分布，怒江由北向东南贯穿全境，最高峰是终年积雪的卡娃卡布峰，海拔为5128米。其景区包括怒江第一湾、民俗民情接待区、宗教民俗观光区、石门关景区，有万书崖、玉带瀑、怒江第一湾、孜当森林公园、巩当神山、扎那桶桃花岛、香巴拉宫遗址、普化寺、重丁天主教堂、金矿旧址、石门关等景点。

兰坪玉水坪遗址

（三）历史古迹众多

怒江州是一个人类活动较早、具有悠久历史的多民族聚居地区，玉水坪旧石器遗址、腊斯底古岩画等各种考古遗迹的发现证明了怒江地区至少在三四千年前就已经有了人类文明。悠久的历史、丰富的文化资源成为怒江旅游的一张亮丽名片。

玉水坪洞穴新石器时代文化遗址

玉水坪洞穴新石器时代文化遗址位于通甸乡下甸村玉水坪社北面，公路右上方金鸡岩上，面向通甸河河湾，高出路面约 15 米。洞穴发育在二迭系灰岩层面中，属溶洞类型。洞口高 1.5 米，宽 1.55 米，洞进深 8.8 米，内宽 4.7 米，面向东南。原洞口被崩塌物堵塞。1976 年因修河堤开山取石时，洞口堆积物被震动松落，出现洞口，民工进洞，发现大量动物骨骼堆积，误认为是龙骨，纷纷争抢，将骨骼抢空。后来玉水坪村农民，又将文化层当肥料挖去施放在玉米地里。1984 年 10 月 8 日，文物普查工作队根据线索，前往实地调查。在洞边缘发现，除堆积层（属河床冲积石）外，文化层为黑褐色，厚约 65 厘米，有灰色碎块、火烧岩砾石夹杂其内，绝大部分文化遗物及动物骨骼均出自此层；动物骨骼经初步辨认有马、熊、鹿、野猪、鼠、羊、獐等，还有红烧土面及火塘等遗迹。采集到的遗物

腊斯底岩画（一）

腊斯底岩画（二）

中，有骨饰品 7 件（属獐牙），根部钻孔；石器有石斧 1 件、石锛 2 件，皆梯形，磨制，砾石质和硬沙石质；陶片为夹沙陶，仅三四片。洞穴边缘部分文化层已被钟乳凝结，经云南省博物馆测定，年代距今 7000 年以上。

腊斯底岩画和石刻

腊斯底岩画位于匹河怒族乡果科村委会腊斯底组西南 800 米处洼地的悬崖峭壁上，岩高 15 米，宽 50 米，画有 10 平方米的岩画，绘有太阳、人、蛇、文字等，图像呈现黑褐色。腊斯底石刻记载，云南殖边队进驻怒江地区，由云南陆军第二师师长李根源派任宗熙为经管怒江地区的委员长，景绍武为副委员长，分管碧江、福贡事宜。石刻高 0.66 米、宽 0.34 米，有 48 字，楷书，位置在腊斯底组东北 1 千米处的路边，是民国初区域划分的界碑。

片马人民抗英胜利纪念碑

片马抗英纪念馆

片马人民抗英斗争遗址

片马人民抗英斗争遗址位于泸水市片马镇的巴俄托松林坡。片古岗地区，唐代属南诏丽水节度使辖区，元代归云龙甸军民府管理，明初归茶山长官司统辖，明末划归永昌府登埂土司统领，清代沿袭旧制，民国时期曾先后被英、日帝国主义武装侵占。1911年1月4日，英国从密支那派兵2000多人，利用大雪封山、片马与各地交通阻断的机会，突然袭击，强占了片马寨子。片马管事勒墨夺扒等率领景颇、傈僳、彝、独龙、怒、汉、白族人民奋起反抗，给侵略者以沉重打击。同年2月在片马军民的一致声讨下，英军被迫退出片马、古浪、岗房等地。抗战胜利后片古岗地区作为中缅未定界。1960年1月28日，中缅两国签订《中华人民共和国和缅甸联邦政府关于两国边界问题的协定》，是年10月1日缔结《中华人民共和国和缅甸联邦边界条约》，1961年6月4日，片马、古浪、岗房地区正式归还中国。

1985年2月15日，中共中央拨专款建纪念馆和纪念碑。片马抗英纪念馆与片马人民抗英胜利纪念碑成为片马人民抗英斗争遗址上的纪念性建筑。纪念馆由门厅、内庭、殿室、资料室、值班室、演讲厅组成，建筑面积为950平方米。纪念碑由碑身、碑名、纪念碑碑文组成，通高19.14米，寓意1911年1月4日片马被英国侵占。碑身由三个向外凸出的变截面体集合而成，其下部为三只巨足，上端化作三支矛头，三只矛头上端安置三面铜质盾牌，象征三次抗英斗争，纪念碑碑文由汉、傈僳、景颇文书写立于纪念碑三支巨足内。

整个纪念馆采取园林式的布局，以两座小山为依托，以雄伟的纪念碑、别具一格的纪念馆为主体，与纪念馆、纪念碑相沟通的石台阶、道路及亭、池等设施远、中、近浑然一体，碑、馆、亭各居一方，一处一景互相呼应。

多元民族文化汇聚一起

围着火热的篝火，跳起火热的舞蹈

（四）民族风情浓郁

怒江州少数民族众多。千百年来，全州各民族和谐共处，协力同心，创造了灿烂的历史文化，形成了各具特色的风俗、歌舞、服饰、建筑、饮食、神话等人文宝藏。各民族丰富多彩的人文资源及怒江历史发展中富有探究性的文史印迹，在云南乃至全国，都具有不可复制的资源优势。

三江并流酒

高山流水酒

笛哩吐

独龙族文面老人

民族大团结

民族同心酒（一）

民族同心酒（二）

同心酒

同心酒是怒江大峡谷中傈僳族待客的最高礼节。当远方的客人到访时，主人在其进门时就手捧倒满香醇美酒的竹杯，唱着"差不多就和您无法相会，差不多就与您无法相聚，您的到来使陋室生辉，您的到来让情缘相聚，请您喝了这杯接风酒，请您饮了这杯洗尘酒"的祝酒歌，热情地与每一位宾客喝上一杯"同心酒"。傈僳族在与客人饮酒时，习惯上不分男女，都与客人喝"同心酒"，傈僳语叫"知伴多"。其方法是由主人手捧斟满杵酒的竹杯，一边唱着祝酒歌，一边真诚地邀请客人共饮同心酒。喝同心酒时，女士右手拿着酒杯、左手搂着男士的脖子，男士则左手握住女士的右手、右手搂着女士的腰，左脚上前跨出一大步，形成弓步半蹲，男女双方脸贴脸，同心同力将酒喝下。傈僳族谚语有这样一句："喝了同心酒，走遍天涯海角都是情。"喝同心酒时，主客吃着用乳猪、土鸡、野菜等烹饪而成的手抓饭，气氛非常热烈，仿佛回到了人类古老而温馨的家园。

罗古箐村局部

罗古箐普米族村寨

罗古箐村是兰坪县最大的普米族山寨。居室构筑就地取材，多木楞房，墙体用木楞横向呈"井"字形穿结而成。屋顶覆盖木板，称为"木瓦"，以石头压住，防风吹掀。屋顶房脊正中放一块白色大石头，示天神所在，以庇护家宅安宁。木楞房古色古香，经久耐用，可供几代人使用，房屋中心有木围土筑，高两尺、五尺见方的方形火塘大平灶，与其他民族使用的火塘不同，这是识别普米族家庭的重要标志。大平灶的周围是卧铺，铺高与大平灶一致。凡坐卧，男女不能逾越左右，大平灶的周围是全家就餐和生活起居活动的中心及祭祀和接待宾客的地方。据有关文献和普米族丧葬归宗指路唱说叙述，从远古起，普米同胞自"天山"南下，经过三次大的迁徙，历尽沧桑，700年前到达兰坪，第一个落脚点就是罗古箐普米寨，可以说这里是普米族历史文化积淀最深厚的地方，保留着许多远古神话、传说和习俗。

罗古箐村普米族民居

罗古箐情人树

三、境内物产丰富多样

（一）舌尖上的怒江州

走进美不胜收的怒江州人文地理景观中，不仅会被怒江大峡谷那迷人的锦绣风光所陶醉，而且还会被祖祖辈辈生活在怒江大峡谷里的各族人民的食风食俗所吸引。多样的饮食种类体现出峡谷两岸各民族多元的文化习俗，而多民族长期的杂居交融，又使不同的民族风俗相互渗透，使这里的多民族文化锦上添花。这里的八大碗、老窝火腿、漆油鸡、石板粑粑、手抓饭、侠辣、药膳等特色美食值得人们体验。

侠辣 是怒江傈僳族、怒族、独龙族人喜好的一种高级滋补食品。其做法是用鸡肉为原料，先把肉砍剁成小碎块，在锅里放上漆油或酥油，等油加热后，把肉放进去，炒至又黄又脆时，稍退火，再倒上烧酒，然后盖上锅盖焖上五分钟左右，从锅里取出，连肉带酒一块吃。这种精工调制的肉酒，鲜美清香，甜辣适中，而且具有滋补身体、健骨舒筋的特殊功效。

老窝火腿 因其产自云南省怒江州泸水市老窝白族乡而得名。其做法是冬日杀年猪后，用盐、花椒面、草果面、烧酒等均匀地洒在收拾干净的猪腿上，然后腌在大盆里，上面还要压一块大石头，使肉里的水分尽量压出来，十多天后挂在通风干燥的地方晾一段时间，最后挂在厨房的灶或火塘之上，让火焰熏烤，存放一两年即可；切开时，肥肉亮得透明，清香味扑鼻，令人垂涎三尺；炖在土锅里，香味飘荡。吃着瘦肉咸中带甜，大块大块的肥肉吃着都不腻。

石板粑粑 是贡山县独龙族、怒族的古老食品。其做法古就古在用石板当锅，摊入面浆烙制而成。成品香甜适口，风味独具，营养丰富。这石板来自贡山县内中洛镇青拉筒附近，火烧不坏，水浇不裂，把它当作锅，放在火塘三脚架上烙粑粑吃，不用放油，粑粑也不会粘在石锅上，烙出来的粑粑别有风味。

漆油鸡 是傈僳族、怒族传统食用的高级滋补食品之一，是妇女坐月子或男女劳累过度亦或跌倒内伤时滋补身体、益气补血、舒筋壮骨的食品，也是一种治伤治病的特效药物之一。漆油虽能导致部分人轻度过敏，但其活血化瘀的药用价值更显突出。

八大碗

老窝火腿

草果美食宴

手抓饭

火腿

石板粑粑

漆油鸡

药膳

草果

草果编熊猫

傈僳包

老姆登茶

（二）优质土特产

怒江土特产是雨的恩泽、风的眷顾、土的包容，是大自然对怒江人民敬山敬水的回馈。

草果 怒江州泸水市、福贡县和贡山县盛产草果，得益于雨量充沛、气候湿润、植被茂密、气温阴凉、无霜期较长和土壤适宜等得天独厚的自然环境，农户积极参与大力种植草果，形成了草果产业。

老姆登绿茶 福贡县匹河乡老姆登地处怒江峡谷中段、碧罗雪山西面半山腰中，海拔2000米。站在这里，西望高黎贡山，层峦叠嶂，巍峨挺拔，令人心旷神怡。由于老姆登海拔较高，雨量充沛，空气新鲜，土地肥沃，所产的老姆登茶独具特色。其外形毫峰显露，香气清雅馥郁，汤色清澈明亮，叶底嫩黄匀齐，滋味醇厚回甘，深受人们的喜爱。

老姆登采茶姑娘

董棕粉

蜂蜜

独龙族、怒族背包 由当地妇女手工织制或缝制。它的原材料是担当力卡山上一种野生的麻。其做工为将麻浸泡、撕开、去浆、制柔、搓成线后，用多种植物的液体染成各种各样的颜色，纺织时要经过十几道工序，从剥麻皮、纺线到按照图案纹线拴综，以至提综、引纬、打纬等。独龙族、怒族背包质地结实耐用，可防雨。如今，精美的独龙族、怒族背包已成为贡山特色畅销产品。

独龙毯 是独龙族妇女手工织的毯子。它的原材料是山上野生的和自己种植的麻。其做工为将麻搓成线后，用多种植物的液体染成各种各样的颜色，由独龙族妇女手工织成。独龙毯质地结实耐用，可防雨，也可用来作垫盖被褥。一张讲究的独龙毯从剥麻皮、纺线到按照图案纹线拴综，以至提综、引纬、打纬等要经过十几道工序，使用多种不同的器具。如今，精美的独龙毯已成为独龙人民特有的传统服饰。

空心黄连　怒江州的空心黄连属黄连中的上品，药效极好。空心黄连大多生长在海拔 2000 米以上的山坡林地。云南旅游地怒江州贡山、福贡一带，多雨多雾，气候湿润，多腐质土，特别适合黄连的生长。在怒江州，黄连已有上百年的人工栽培历史。

董棕　在贡山县独龙江的马库和福贡的腊竹底生长的董棕被当地群众叫做"斯叶黑"，意思是能出面粉的树。一般生长在独龙江河谷和腊竹底阴凉的深箐里，五六十年才成熟一次，高五六十米，直径达 1 米，树叶宽 1 米左右，长 3 米多，与芭蕉叶十分相似。董棕的根、茎、叶都可以食用，富含淀粉，把树砍下，用木棒或斧头在树干上不断敲击，淀粉便一团一团地震落下来，晒干后就是细面粉，可以烙粑粑或用油煎吃，松软适度，味美回甜，还可以用开水加糖冲食，味鲜可口，具有养胃、降糖、降脂的作用。同时，冷饮也是止泻的良药。一棵董棕可以使一个三五口人的家庭度过一个月的饥荒，所以，董棕被怒江州独龙族称为"面包树"，备受珍惜。

五味红酒　怒江州兰坪县特产。它是利用传统酿制工艺结合现代先进设备以五味子饮品系列为主、盐井古酒（白酒）系列为辅，科学地研制出以五味子鲜果为原料发酵的干型、中型、甜型五味子酒。五味子属于木兰科多年生落叶藤木，又名面藤、山花椒，生产于海拔 600～2400 米的背阴山地灌木丛中，是珍贵的滋补性药用植物。在《神农本草药》中列为上品，其果实甘、酸、辛、苦、咸五味俱全，故称"五味子"。五味子呈不规则的圆球形或扁球形，形状和山葡萄相似，为珠连串状，果实直径 5～8 毫米；外皮紫红色或暗红色，皱缩，显油性，果肉柔软，有的表面呈黑红色或出现"白霜"；果肉气弱、味酸、有香气，味辛、微苦，以粒大、果皮紫红、肉厚、柔润者为佳。五味子果实有中药功能，益气生津、敛肺滋肾、止泻、涩精、安神，也可治久咳虚喘、津少口干、遗精久泻、健忘失眠等症；药理试验证明能调节中枢神经系统的兴奋和抑制过程，促进肌体代谢，调节胃液和胆液分泌，对降低肝炎恢复期转氨酶升高有作用。

采摘花椒

红景天

弩弓

重楼

羊肚菌

萝芙木养生酒

萝芙木生态茶

农特产品

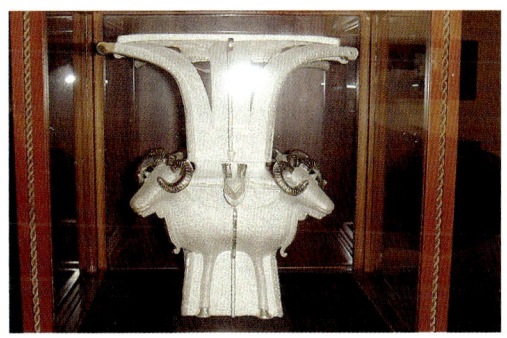
兰坪银器

云黄连

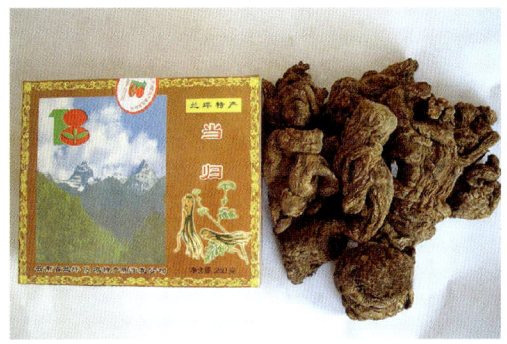
当归

结　语

　　一幅幅画面，一段段文字，一个个故事，记录着曾经的沧桑，镌刻着今日的辉煌，饱含着铭恩奋进的情怀，承载着对美好未来的憧憬。

　　忆往昔，峥嵘岁月，铸就辉煌。

　　看今朝，山河壮丽，安居乐业。

　　展未来，蓝图绘就，壮志满怀。

　　今天的怒江各族人民将牢记习近平总书记殷殷嘱托，更加紧密地团结在以习近平同志为核心的党中央周围，永远听党话、感党恩、跟党走，高举中国特色社会主义伟大旗帜，不忘初心、牢记使命，勇于创新、锐意进取，让生态保护更扎实、产业致富更坚实、民生改善更温暖、民族团结更牢固，共同谱写中华民族伟大复兴中国梦美丽怒江新篇章！

后　记

经过多方努力和精心准备,《美丽中国·和谐家园——民族自治地方发展成就展巡礼》系列丛书(以下简称"《巡礼》系列丛书")终于与广大读者见面了。编纂《巡礼》系列丛书旨在打造"永不闭幕"的民族自治地方发展成就展,提供书写新时代、记录民族自治地方发展成就的"微型百科全书"。国家民委高度重视丛书的编纂工作,有关领导审批了编纂方案。办公厅致函相关省区民(宗)委协助做好《巡礼》系列丛书图文资料的补充、更新、审核等工作,文化宣传司等部门对编纂工作给予了具体指导。相关省区民(宗)委和各自治州州委、州政府及民(宗)委给予了大力支持,确定联络员协助做好有关工作。民族画报社积极支持,提供相关图片资料;民族出版社承担了出版任务,做了大量工作,谨此一并致谢!

《巡礼》系列丛书是在展览的基础上补充完善相关资料,图片、文字均未能支付稿酬,深表歉意!因水平有限,疏漏在所难免,敬请读者批评指正。

《美丽中国·和谐家园——民族自治地方
发展成就展巡礼》系列丛书编委会

图书在版编目(CIP)数据

美丽中国·和谐家园：民族自治地方发展成就展巡礼. 怒江傈僳族自治州卷 / 民族文化宫编. -- 北京：民族出版社，2021.6
ISBN 978-7-105-16424-0

Ⅰ. ①美… Ⅱ. ①民… Ⅲ. ①中国共产党－民族工作－成就－怒江傈僳族自治州 Ⅳ. ①D633

中国版本图书馆CIP数据核字（2022）第063466号

责任编辑	杨璇
装帧设计	金晔
出版发行	民族出版社
地　　址	北京市和平里北街14号
邮　　编	100013
网　　址	http://www.mzpub.com
印　　刷	北京盛通印刷股份有限公司
经　　销	各地新华书店
版　　次	2022年7月第1版　2022年7月北京第1次印刷
开　　本	880毫米×1230毫米　1/16
印　　张	18.25
定　　价	380.00元

ISBN 978-7-105-16424-0／D·3296（汉528）

该书若有印装质量问题，请与本社发行部联系退换
编辑室电话：010-58130512　　发行部电话：010-64224782